…ochin
Laure…-Caroline Henry

L'essentiel du Droit des entreprises en difficulté

Gualino
lextenso éditions

LES CARRÉS

Cette collection de livres présente de manière **synthétique**, **rigoureuse** et **pratique** l'ensemble des connaissances que l'étudiant doit posséder sur le sujet traité. Elle couvre :

– le Droit et la Science Politique ;
– les Sciences économiques ;
– les Sciences de gestion ;
– les concours de la Fonction publique.

Catalogue général adressé gratuitement
sur simple demande :

Gualino éditeur
Tél. 01 56 54 16 00
Fax : 01 56 54 16 49
e-mail : gualino@lextenso-editions.fr
Site : www.lextenso-editions.fr

ISBN 978 - 2 - 297 - 01018 - 4

SOMMAIRE

Sous-partie 2 Prévention-traitement des difficultés des entreprises

2

Traitement judiciaire des entreprises en difficulté

Sous-partie 1 Traitement préventif : la procédure de sauvegarde

Présentation

Ce livre présente en 12 chapitres les nouvelles orientations de la loi de sauvegarde du 26 juillet 2005 et ses premières applications. Il permet une bonne compréhension des différentes techniques judiciaires ou non du traitement des difficultés des entreprises. La loi de sauvegarde se veut novatrice ; elle suppose un changement de culture pour les acteurs de procédures collectives. Cet ouvrage est conçu comme une grille de lecture du dispositif légal et de ses opportunités.

Au total, il offre au lecteur une présentation pédagogique et synthétique d'une matière aux enjeux pratiques importants.

Il s'adresse principalement aux étudiants des facultés de droit, étudiants CRFPA et acteurs économiques concernés par la loi.

Structures des procédures collectives

CHAPITRE 1

La loi du 26 juillet 2005 n'y change rien : la question essentielle en matière de droit des entreprises en difficulté reste inspirée du théâtre de Shakespeare : « *être ou ne pas être* » en cessation des paiements. La notion n'a pas changé depuis qu'elle a été définie par la jurisprudence, l'article L. 631-1, premier alinéa, rappelle que le débiteur est « *dans l'impossibilité de faire face au passif exigible avec son actif disponible* ». Que se cache-t-il derrière ces mots ? Le passif exigible vise les dettes échues, certaines et liquides. L'actif disponible correspond aux liquidités du débiteur, les valeurs réalisables à très court terme, les ouvertures de crédit. Concrètement, le débiteur en cessation des paiements est dans l'incapacité de payer.

Sans changer la définition de la notion, la loi nouvelle conserve la cessation des paiements comme critère de répartition des différentes procédures applicables aux entreprises en difficulté. Cependant, si le curseur reste inchangé, il est déplacé sur l'échelle des difficultés des entreprises. Il ne distingue plus les procédures judiciaires des autres. Désormais, avec une souplesse accrue, la cessation des paiements est le critère de répartition entre les procédures préventives et les procédures curatives des difficultés de l'entreprise. Le législateur en 2005 favorise l'anticipation préférant prévenir que guérir. Il tire les leçons du passé : intervenir trop tard conduit de nombreux débiteurs à la liquidation sans passer par la case sauvegarde et/ou redressement. Le même souci de réalisme explique le caractère « tampon » de la nouvelle procédure de conciliation (qui ne s'applique pas au secteur agricole).

Ainsi, certaines « procédures » s'inscrivent dans une logique d'anticipation de la cessation des paiements. Il s'agit alors de prévenir : le débiteur est *in bonis*, mais il rencontre des difficultés. En ce qui concerne le traitement non judiciaire, on trouve le mandat *ad hoc*, cependant, la grande innovation de la loi du 26 juillet 2005 est la prise en charge, par un traitement judiciaire, des difficultés de l'entreprise alors qu'elle n'est pas en cessation des paiements grâce à l'introduction de la procédure de sauvegarde. Cette dernière est un traitement judiciaire préventif. Ces dispositions interviennent toutes en amont de la cessation des paiements, elles sont utilement préparées par la prévention-détection des difficultés des entreprises grâce à la collecte d'un certain nombre d'informations. Une fois la cessation des paiements intervenue, la loi propose un autre arsenal, classique celui-là, judiciaire, mais tardif. Le redressement judiciaire qui ne devrait être qu'une procédure secondaire pour être vidée de sa substance par la procédure de sauvegarde. La liquidation judiciaire qui devient une procédure autonome permettant, éventuellement, le redressement de l'entreprise entre les mains d'un repreneur par une cession d'entreprise et devant désintéresser au mieux les créanciers du débiteur. Il en résulte une nouvelle répartition des procédures autour de la cessation des paiements. D'une part, des dispositions applicables au débiteur avant que n'intervienne la cessation des paiements : le mandat *ad hoc* et la procédure de sauvegarde, d'autre part, des dispositions applicables après la constatation de la cessation des paiements : le redressement judiciaire et la liquidation judiciaire.

Cependant, le réalisme du législateur lui a fait prendre en considération le fait que l'état de cessation des paiements n'intervient pas brusquement, il est le résultat d'une lente évolution de la situation du débiteur sur le chemin de l'aggravation de ses difficultés. La procédure de conciliation est la procédure charnière ; à ce titre, elle pourrait être la procédure pivot de la réforme de 2005. Elle réalise l'interface entre l'avant et l'après cessation des paiements. Il n'est pas étonnant que la pratique la révèle comme une procédure clef du nouveau dispositif légal. Elle peut être ouverte avant la survenance de la cessation des paiements, mais également dans les 45 jours de la cessation des paiements. Cette procédure non judiciaire reposant sur un potentiel accord entre les créanciers et leur débiteur est donc le maillon articulant la prévention et le traitement des difficultés du débiteur.

Quelques schémas permettent de visualiser la place de chacune des solutions proposées aux difficultés rencontrées par l'entreprise. Elles pourraient d'ailleurs être améliorées dans un proche avenir (projet d'ordonnance portant diverses dispositions en faveur des entreprises en difficulté, avril 2008).

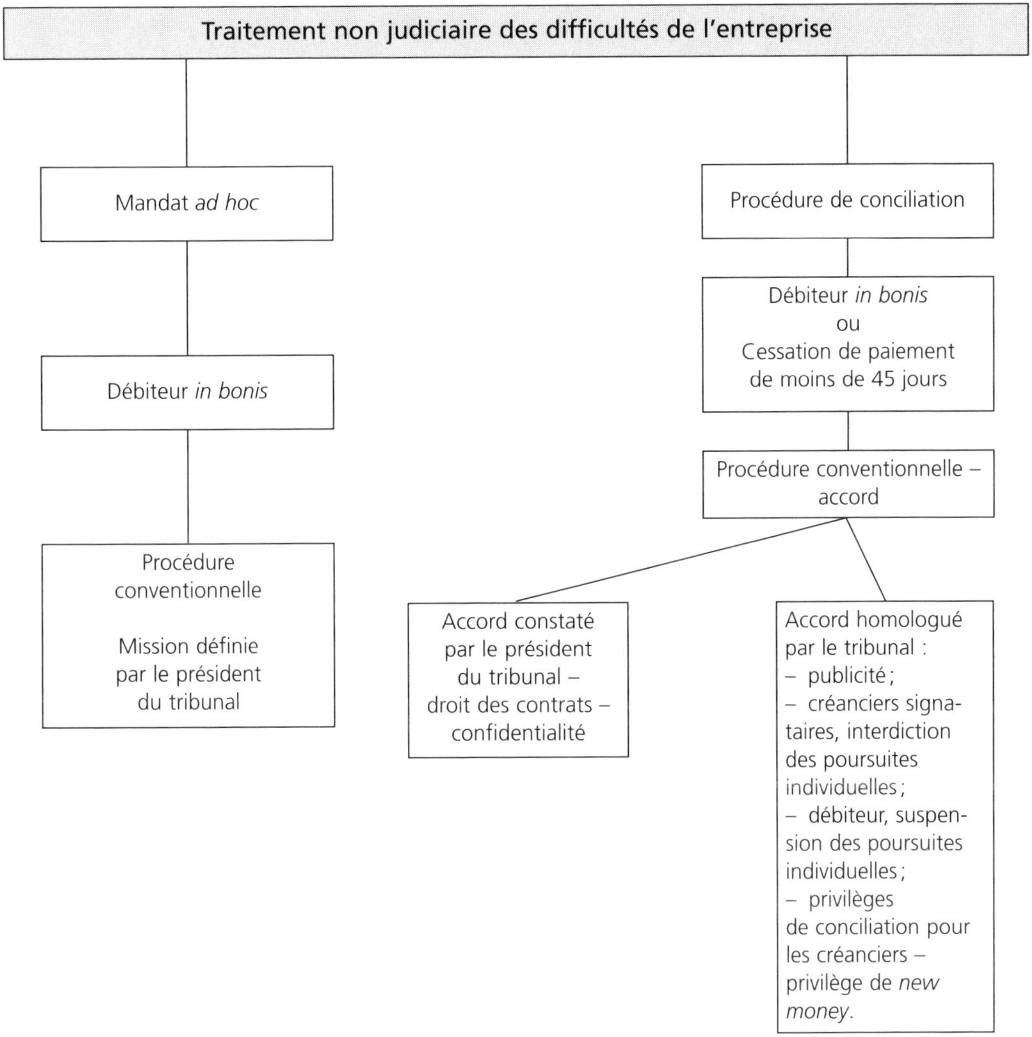
Traitement non judiciaire des difficultés de l'entreprise
Mandat *ad hoc*
Débiteur *in bonis*
Procédure conventionnelle
Mission définie par le président du tribunal
Procédure de conciliation
Débiteur *in bonis* ou Cessation de paiement de moins de 45 jours
Procédure conventionnelle – accord
Accord constaté par le président du tribunal – droit des contrats – confidentialité
Accord homologué par le tribunal :
– publicité ;
– créanciers signataires, interdiction des poursuites individuelles ;
– débiteur, suspension des poursuites individuelles ;
– privilèges de conciliation pour les créanciers – privilège de *new money*.

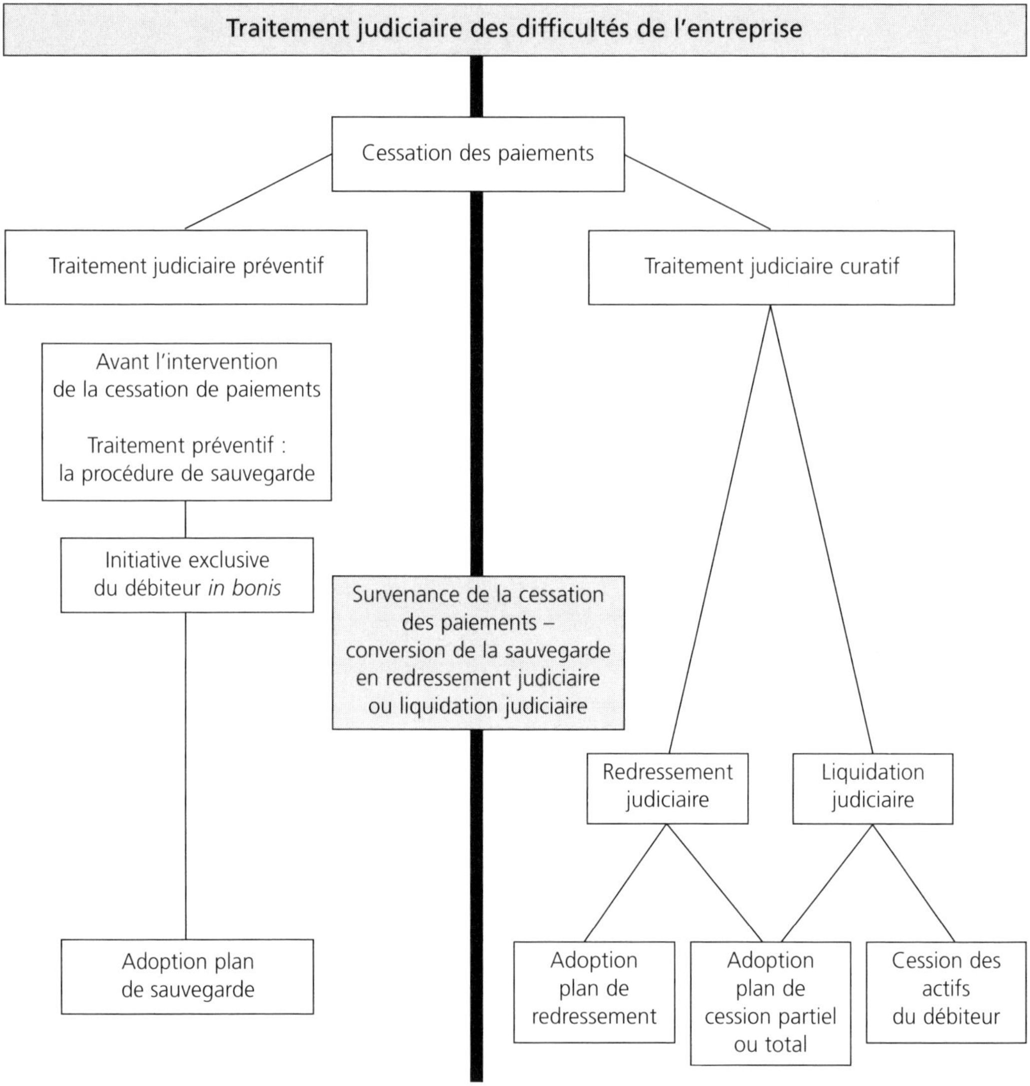
Traitement judiciaire des difficultés de l'entreprise
Cessation des paiements
Traitement judiciaire préventif
Traitement judiciaire curatif
Avant l'intervention de la cessation de paiements
Traitement préventif : la procédure de sauvegarde
Initiative exclusive du débiteur *in bonis*
Survenance de la cessation des paiements – conversion de la sauvegarde en redressement judiciaire ou liquidation judiciaire
Redressement judiciaire
Liquidation judiciaire
Adoption plan de sauvegarde
Adoption plan de redressement
Adoption plan de cession partiel ou total
Cession des actifs du débiteur

PARTIE 1

Traitement non judiciaire des entreprises en difficulté

Information économique

CHAPITRE 2

La prévention, impératif législatif récurrent depuis 1984 et renforcé en 2005, repose fondamentalement sur la détection précoce des difficultés de l'entreprise qui impose une information économique.
En effet, une meilleure information est, tout d'abord, donnée aux dirigeants et aux tiers sur la situation économique de l'entreprise. Ce « droit économique de l'information » ne relève pas directement du droit des entreprises en difficulté mais davantage du droit des sociétés et du droit comptable. Aussi seules les principales mesures méritent d'être citées ici.

1 Information des dirigeants

En premier lieu, outre l'obligation traditionnelle de tenir une comptabilité, une information prévisionnelle est instituée depuis la loi du 1er mars 1984. Désormais, les entreprises employant au moins 300 salariés ou réalisant un chiffre d'affaires hors taxes au moins égal à 18 millions d'euros ont l'obligation d'établir des documents prévisionnels.

Plus précisément, ***deux documents à caractère plutôt rétrospectif*** sont exigés permettant alors de donner une situation précise de l'entreprise à savoir :

– un document relatif à la situation de l'actif réalisable et disponible et du passif exigible, établi chaque semestre dans les quatre mois qui suivent la clôture de l'exercice ;

– et un tableau de financement établi dans les quatre mois de la clôture de l'exercice.

Et enfin, ***deux autres documents, véritablement prévisionnels*** cette fois, sont destinés à anticiper sur la situation comptable future de l'entreprise, c'est-à-dire le compte de résultat prévisionnel et le plan de financement prévisionnel.

Ces différents documents sont analysés dans des rapports écrits établis deux fois par an par les dirigeants de la personne morale. Ils sont ensuite communiqués au sein de l'entreprise : au conseil de surveillance éventuellement (si SA à directoire), au comité d'entreprise et enfin au commissaire aux comptes ; ces deux derniers pouvant éventuellement déclencher une procédure d'alerte. Cette comptabilité prévisionnelle obligatoire permet donc aux dirigeants d'anticiper sur les difficultés économiques et d'adopter le cas échéant toutes les mesures adéquates.

2 Information des tiers

En second lieu, comme l'information économique des seuls dirigeants n'est pas toujours suffisante pour prévenir les difficultés, les tiers ont également un rôle à jouer en la matière. Pour cela, ils bénéficient de certains renseignements sur la situation comptable et financière de leurs partenaires économiques.

D'abord, ***toute société est tenue de déposer ses comptes sociaux annuels au greffe du tribunal***; à défaut, une sanction pécuniaire est encourue (1 500 euros) et tout intéressé peut demander en référé au Président du tribunal d'adjoindre sous astreinte les dirigeants sociaux de procéder au dépôt des comptes. L'efficacité de cette obligation a d'ailleurs été renforcée par la loi de sauvegarde des entreprises. Le nouvel article L. 611-2 du Code de commerce est venu ajouter que le président du tribunal (de commerce ou de grande instance) peut d'office adresser au dirigeant une injonction de déposer les comptes à bref délai sous astreinte. L'ordonnance du président fixe le taux de l'astreinte et n'est pas susceptible de recours. Si l'injonction n'est pas respectée, le greffier constate le non-dépôt des comptes par procès-verbal et le Président du tribunal statue sur la liquidation de l'astreinte versée au Trésor public.

Ensuite, et enfin, ***outre les renseignements détenus par le RCS*** (statuts des sociétés, rapport des commissaires aux comptes...), certaines informations importantes résultent des divers registres tenus par les greffes comme notamment le ***registre de publication des sûretés spéciales ou des privilèges généraux du Trésor et de la Sécurité sociale***; la publicité de ces privilèges étant obligatoire aux fins d'opposabilité à la procédure collective.

Mais l'information économique, aussi développée soit-elle, n'est pas le seul moyen de détecter les difficultés des entreprises; elle est souvent associée à une autre technique préventive destinée à faire réagir les dirigeants : ***l'alerte***. Initiée par la loi du 1er mars 1984, cette technique a pour objectif d'attirer l'attention des dirigeants sur tout fait de nature à compromettre la continuité de l'exploitation afin qu'ils prennent les mesures qui s'imposent pour remédier au plus vite aux difficultés de l'entreprise. Pour plus d'efficacité, elle peut être exercée par différentes personnes, c'est-à-dire être soit interne, soit externe à l'entreprise.

Techniques d'alerte interne à l'entreprise

CHAPITRE 3

Les procédures d'alerte interne sont destinées à provoquer une réaction voire un dialogue avec la direction au sein de l'entreprise avant que les difficultés rencontrées deviennent insurmontables. L'initiative appartient au commissaire aux comptes, au comité d'entreprise ou encore aux associés

1 Alerte du commissaire aux comptes

En reconnaissant aux commissaires aux comptes le droit de déclencher une procédure d'alerte dans les sociétés ou les groupements où ils exercent leur activité, le législateur a renforcé considérablement leur mission. Leur intervention relève plus de la prévention que de la répression.

Déclenchement de la procédure d'alerte

Le déclenchement de l'alerte est encadré par la loi, ce qui n'exclut pas pour autant un certain pouvoir d'appréciation du commissaire aux comptes.

a) Critères légaux de déclenchement

Le commissaire aux comptes déclenche le processus d'alerte lorsqu'il constate dans une entreprise où il exerce son activité « *tout fait de nature à compromettre la continuité de l'exploitation* ».

1) Entreprises visées

Plusieurs types d'entreprises sont en fait concernés par cette procédure d'alerte interne. Outre les sociétés commerciales, le Code de commerce oblige en effet deux autres catégories de personnes morales de droit privé à désigner un commissaire aux comptes susceptible d'initier une alerte.

Il s'agit, d'une part, ***des personnes morales non commerçantes ayant une activité économique*** (art. L. 612-1, C. com.) à savoir les sociétés civiles, les sociétés coopératives et les GIE non commerçants lorsque celles-ci atteignent deux seuils alternatifs : soit l'effectif atteint 300 salariés ou plus, soit le montant du chiffre d'affaires hors taxes ou des ressources est supérieur ou égal à 18 millions d'euros.

D'autre part, sont concernées également ***les associations*** ayant reçu annuellement de l'État ou de ses établissements publics ou des collectivités locales une subvention ou plusieurs subventions dont le montant global excède 150 000 euros (art. L. 612-4, C. com.).

Enfin, relèvent également de ce type d'alerte les entreprises publiques qui ont désigné un commissaire aux comptes spontanément ou en vertu d'une obligation légale (art. 30, Loi du 1er mars 1984).

2) Continuité de l'exploitation compromise

Selon la formule légale, le commissaire aux comptes déclenche l'alerte pour attirer l'attention des dirigeants sur « *tout fait de nature à compromettre la continuité de l'exploitation qu'il a relevé à l'occasion de l'exercice de sa mission* » (art. L. 234-1, C. com. pour les sociétés commerciales et art. L. 612-3 du même code pour les autres personnes morales de droit privé). Les termes utilisés sont suffisamment larges pour donner lieu à interprétation. Il pourra s'agir indifféremment de :

– faits fondés sur la situation financière de l'entreprise (ex. : situation nette négative, rupture de crédit, trésorerie négative, dépendance excessive à l'égard de la société-mère ou encore décision de la société-mère de supprimer son soutien à sa filiale contrôlée par le commissaire aux comptes...) ;

– faits fondés sur la situation patrimoniale de l'entreprise (ex. : constitution de sûretés réelles sur tous les actifs de l'entreprise) ;

– faits relatifs à l'exploitation elle-même (ex. : frais financiers importants, départ de cadres sans remplacement, pénurie de matières premières indispensables) ;

– faits résultant de l'environnement économique de l'entreprise (ex. : conflit social, diminution du carnet de commandes, perte de licences ou brevets ou relations difficiles avec les fournisseurs) ;

– enfin, d'indices plus juridiques tels que par exemple les non-paiements des dettes fiscales ou des cotisations sociales ou le report renouvelé d'échéances.

Mais, quels qu'ils soient, les faits constatés par le commissaire aux comptes doivent être suffisamment graves pour menacer la poursuite de l'activité de l'entreprise dans un avenir prévisible. De simples faits trop lointains ne sauraient être retenus comme, par exemple, une insuffisance d'investissement en matière de recherche.

b) Pouvoir d'appréciation du commissaire aux comptes

L'opportunité de déclencher le processus d'alerte relève de la seule initiative et appréciation du commissaire aux comptes. C'est à lui que revient la tâche délicate de relever les faits de nature à compromettre la continuité de l'exploitation. Il est tenu de procéder à une sorte de diagnostic prospectif de l'entreprise, et ce dans le cadre normal de son activité. En d'autres termes, afin de détecter d'éventuelles difficultés, il doit scrupuleusement examiner tous les documents qui lui sont communiqués et apprécier tous les faits dont il a eu connaissance sans jamais s'immiscer dans la gestion de l'entreprise.

En élargissant ainsi la mission du commissaire aux comptes, la loi a redéfini sa responsabilité. Sa responsabilité professionnelle pourrait en effet être engagée s'il n'a pas déclenché l'alerte après avoir constaté des faits significatifs. En revanche, il ne pourrait pas lui être reproché de ne pas avoir déclenché la procédure d'alerte si les faits affectant la continuité de l'entreprise ne pouvaient être détectés lors de l'exercice normal de sa mission. Enfin, et en tout état de cause, la responsabilité du commissaire aux comptes ne saurait être engagée pour les informations ou divulgations de faits auxquelles il procède en exécution de sa mission d'alerte (art. L. 225-241, C. com.).

Le déclenchement de l'alerte repose donc sur la seule appréciation du commissaire sous réserve toutefois d'une limite légale. En effet, une telle procédure préventive ne saurait être utilisée lorsqu'une procédure de conciliation ou de sauvegarde a été engagée par les dirigeants (art. L. 234-4, C. com). Une telle interdiction légale se comprend aisément puisque l'alerte serait ici inutile.

■ *Déroulement de la procédure d'alerte*

Afin de provoquer une discussion et une réaction des dirigeants de l'entreprise concernée, le processus d'alerte se déroule nécessairement en plusieurs phases. Mais une distinction procédurale est faite entre les sociétés anonymes d'une part et les autres personnes morales d'autre part.

a) Alerte dans les sociétés anonymes

Dans les sociétés anonymes, la procédure d'alerte s'articule autour de trois phases successives :

– *phase 1* : *le commissaire aux comptes*, après avoir constaté des faits de nature à compromettre la continuité de l'entreprise, *demande* (par lettre recommandée avec demande d'avis de réception de préférence) *des explications au président du conseil d'administration ou du directoire*. Les dirigeants ont alors un délai de 15 jours pour répondre à cette information dans les mêmes formes ; ils doivent fournir au commissaire aux comptes une analyse de la situation de l'entreprise et indiquer les mesures envisagées pour remédier aux difficultés détectées. Cette première *étape* de la procédure est *confidentielle* : le dialogue se limite ici entre les dirigeants et le commissaire aux comptes mais pas pour longtemps le cas échéant ;

– ***phase 2*** : si les dirigeants ne donnent pas de réponse satisfaisante ou s'ils ne répondent pas dans le délai imparti, la deuxième phase de la procédure d'alerte est déclenchée. *Le commissaire aux comptes invite les dirigeants* par écrit (LRAR) *à faire délibérer le conseil d'administration ou de surveillance sur les faits qu'il a constatés*. Il dispose pour ce faire d'un délai de 8 jours à compter de la réponse des dirigeants ou de l'absence de réponse dans le délai légal. Depuis la loi du 26 juillet 2005, une copie de cette lettre est transmise au président du tribunal de commerce. Les dirigeants de la société ont alors 8 jours à compter de la réception de la lettre pour convoquer le conseil concerné.

Le commissaire aux comptes est obligatoirement convoqué à cette séance qui ne doit pas se tenir plus de 15 jours après la réception de la lettre. La *procédure perd ainsi son caractère secret*. Pour preuve, le procès-verbal de la délibération du conseil d'administration ou de surveillance est communiqué par lettre RAR non seulement au commissaire aux comptes mais également au comité d'entreprise ou aux délégués du personnel et au président du tribunal de commerce. L'information peut même être étendue si la troisième étape de la procédure est engagée ;

– ***phase 3*** : cette ultime phase du processus d'alerte peut en fait être déclenchée par le commissaire aux comptes dans trois hypothèses : soit à défaut de convocation du conseil concerné par les dirigeants, soit en cas de non-respect des règles de délibération, soit enfin, si, malgré la délibération, la continuation de l'entreprise reste compromise. *Il demande par écrit aux dirigeants la convocation de l'assemblée générale* dans un délai de 8 jours et leur fait parvenir un rapport spécial aux fins de discussion. Ce rapport est en outre communiqué au comité d'entreprise ou à défaut aux délégués du personnel.

À défaut de convocation de l'assemblée générale par les dirigeants, le commissaire aux comptes a la faculté de convoquer lui-même l'assemblée et de fixer l'ordre du jour. La tenue de l'assemblée générale doit avoir lieu dans le mois qui suit la notification du commissaire aux comptes. Par cette dernière étape, les difficultés de l'entreprise sont donc portées à la connaissance non seulement des salariés mais aussi et surtout des actionnaires. Ces derniers peuvent alors proposer des solutions aux dirigeants ou prendre toutes les mesures mises à leur disposition par le droit des sociétés : modification des organes de gestion ou mise en jeu de la responsabilité des dirigeants... Quant à lui, le commissaire aux comptes a l'obligation, s'il constate qu'à l'issue de la réunion de l'assemblée générale, les décisions prises ne permettent pas d'assurer la continuité de l'exploitation, d'informer le président du tribunal de commerce de ses démarches et de lui communiquer les résultats (art. L. 234-1, C. com.). Toute menace d'une procédure collective n'est donc pas écartée...

Cette procédure en trois temps vaut également pour les entreprises publiques.

b) Alerte dans les autres personnes morales

Dans les sociétés commerciales autres que les sociétés anonymes et les groupements d'intérêt économique, le processus d'alerte est simplifié. Il se déroule en deux étapes :

– ***en premier lieu***, une demande d'explication est faite par le commissaire aux comptes au dirigeant de la personne morale qui dispose d'un délai de 15 jours pour répondre. Sa réponse doit être transmise au comité d'entreprise ou, à défaut, aux délégués du personnel et au conseil de surveillance de la société ou du groupement s'il en existe un. Par ailleurs, le commissaire aux comptes informe le président du tribunal de commerce ;

– ***en second lieu***, faute de réponse du dirigeant ou si, en dépit de celle-ci, le commissaire aux comptes estime que la continuité de l'exploitation est compromise, il y a directement rédaction du rapport spécial dont une copie est transmise au président du tribunal. Le commissaire aux comptes invite alors le dirigeant à convoquer une assemblée générale dans les 15 jours (suivant la date d'expiration du délai légal pour la réponse ou réception de celle-ci). Ce dernier est tenu de communiquer l'invitation et le rapport du commissaire aux comptes au comité d'entreprise ou aux délégués du personnel. Si, après la tenue de l'assemblée générale, le commissaire aux comptes estime que les décisions prises sont insuffisantes, il informe le président du tribunal.

Pour les ***personnes morales de droit privé non commerçantes*** (associations, sociétés civiles), la situation a été simplifiée par la loi du 26 juillet 2005 puisque, désormais, la procédure d'alerte applicable est calquée sur celle des sociétés anonymes vue précédemment, sous réserve de la compétence du président du tribunal de grande instance.

2 Alerte du comité d'entreprise

Les difficultés que rencontre une entreprise n'étant pas sans conséquence pour ses salariés, un droit d'alerte a été reconnu en 1984 au comité d'entreprise. Par cette procédure, les salariés ont ainsi un rôle non négligeable à jouer en matière de prévention.

Conditions de déclenchement de l'alerte

Deux précisions sont nécessaires : qui a vraiment l'initiative de l'alerte et selon quel critère ?

a) Initiative de l'alerte

L'article L. 432-5 du Code du travail attribue expressément le droit d'alerte au comité d'entreprise. En d'autres termes, la mise en œuvre de cette technique de prévention-détection est subordonnée à l'existence d'un tel comité dans l'entreprise. Cette exigence limite donc le domaine de l'alerte aux entreprises quelle que soit leur nature de plus de 50 salariés ou à celles qui ont institué un comité d'entreprise par voie d'accord collectif.

La jurisprudence veille d'ailleurs scrupuleusement au respect de cette condition puisqu'elle refuse le droit d'alerte au comité d'établissement.

La question des délégués du personnel est plus délicate car le Code du travail leur reconnaît un droit d'alerte (art. L. 422-4). Or est-ce à dire qu'ils pourraient déclencher une alerte dans une entreprise employant moins de 50 salariés. En réalité, il est admis par la majorité de la doctrine que ces derniers ne peuvent engager une procédure d'alerte que dans deux hypothèses :

- soit faute de constitution d'un comité d'entreprise dans une entreprise de plus de 50 salariés ;
- soit en cas de carence du comité d'entreprise existant.

b) Critère de l'alerte

Selon les termes de l'article L. 432-5 du Code du travail, l'alerte peut être déclenchée par le comité d'entreprise « *lorsqu'il a connaissance de faits de nature à affecter de manière préoccupante la situation économique de l'entreprise* ».

Le critère légal retenu apparaît plus large que celui imposé aux commissaires aux comptes. Il n'est pas basé sur l'analyse purement comptable de l'entreprise. Les sources d'informations à la disposition du comité d'entreprise sont plus variées, documents comptables transmis par le commissaire aux comptes certes mais aussi renseignements des salariés eux-mêmes.

Tous les indices qui peuvent faire craindre une défaillance de l'entreprise et donc compromettre la situation des salariés peuvent être retenus par le comité d'entreprise, qui n'a d'ailleurs ici aucune obligation de déclenchement

En tout état de cause, ils doivent être suffisamment significatifs (perte des marchés, endettement excessif...), faute de quoi l'exercice de l'alerte serait considéré comme abusif.

Déroulement de l'alerte

Fondamentalement, la procédure d'alerte du comité d'entreprise ne se distingue pas beaucoup de celle du commissaire aux comptes. L'objectif est identique : faire réagir les dirigeants et engager avec eux une discussion sur les difficultés de l'entreprise. Pour cela, trois étapes sont prévues :

– ***dans une première étape,*** le comité d'entreprise (ou le cas échéant les délégués du personnel) peut demander des explications à l'employeur. Cette demande est de plein droit inscrite à l'ordre du jour de la prochaine séance du comité d'entreprise. Lors de celle-ci, le chef d'entreprise peut donner des explications suffisantes et la procédure se termine ainsi. Mais, il se peut aussi, soit qu'il refuse de répondre aux questions qui lui sont posées, commettant ainsi un délit d'entrave au fonctionnement du comité d'entreprise, soit qu'il donne des réponses insuffisantes ; dans ces hypothèses, la deuxième phase de l'alerte est enclenchée ;

– ***dans une deuxième étape***, le comité d'entreprise rédige un rapport qui a pour but d'analyser la situation économique de l'entreprise. Pour s'aider, il peut entendre le commissaire aux comptes, solliciter l'assistance de l'expert-comptable ou celle de certains salariés. Ce rapport est ensuite transmis au chef d'entreprise mais également au commissaire aux comptes. Il doit conclure sur l'opportunité de saisir de ses conclusions, soit l'organe chargé de l'administration de la société, soit celui chargé de la surveillance ou simplement d'informer de la teneur du rapport les associés ou les membres du groupement ;

– ***dans une troisième étape***, il faut distinguer entre deux hypothèses :

  • en cas de saisine, la question devra être inscrite à l'ordre du jour du prochain conseil d'administration ou de surveillance. L'organe ainsi sollicité devra délibérer sur le rapport du comité d'entreprise et apporter une réponse motivée aux questions posées ;

  • en cas de simple information, l'efficacité de l'alerte est moindre puisque dans ce cas ce sont les dirigeants qui transmettent le rapport aux associés individuellement ; il n'y a aucune obligation de réunir une assemblée générale à fin de délibérer. Une telle éventualité relève de la seule volonté des associés.

En tout état de cause, la procédure d'alerte est placée à tous les stades sous le signe de la ***confidentialité*** (art. L. 432-5, C. trav.).

3 Alerte des associés

Les associés sont directement concernés par les difficultés ou dysfonctionnements affectant leur société. Ainsi, outre la faculté de demander la désignation d'un administrateur provisoire ou d'un expert de gestion, la loi leur reconnaît également le droit de déclencher l'alerte. Ce processus d'alerte, qualifié par certains auteurs « *de petite alerte* » a toutefois une efficacité limitée par rapport aux autres alertes internes au regard de ses conditions d'exercice et de son mécanisme procédural.

■ *Conditions d'exercice de l'alerte*

En réalité, le droit d'alerte des associés a un domaine restreint. Certes, le critère de déclenchement est le même que pour les commissaires aux comptes mais l'initiative n'appartient en fait qu'à certains associés.

a) Initiative de l'alerte

La loi attribue le droit d'alerte aux associés non gérants des sociétés à responsabilité limitée, aux actionnaires des sociétés anonymes et aux actionnaires des sociétés en commandite par action détenant au moins 5 % du capital social.

En outre, ce droit ne peut être exercé que deux fois par exercice. Le législateur a voulu éviter qu'un exercice trop fréquent ne vienne en définitive perturber l'action des dirigeants.

b) Critère de déclenchement de l'alerte

Les associés ont ainsi la possibilité de poser des questions écrites aux dirigeants lorsqu'ils constatent « *des faits de nature à compromettre la continuité de l'exploitation* ».

Le critère légal de déclenchement de l'alerte est donc le même que pour les commissaires aux comptes et appelle donc les mêmes remarques.

Néanmoins, l'identité n'est pas totale car les associés disposeront dans les faits d'une plus grande liberté d'action. Non seulement ils ne sont pas tenus par une obligation de confidentialité mais aussi et surtout ils pourront porter un véritable jugement sur la gestion de l'entreprise. Enfin, leurs sources d'information ne se limitent pas à la seule information comptable. Pour autant, cette faculté d'alerte reste limitée.

Mécanisme de l'alerte

Le déroulement de « cette alerte » est articulé autour de deux étapes : tout d'abord, les questions des associés et ensuite, la réponse des dirigeants.

a) Questions des associés

La procédure est déclenchée par une question écrite (LRAR) posée par un associé aux dirigeants. Dans cette question doit figurer la qualité d'associé et le nombre d'actions ou de parts qu'il détient. En outre, il doit également être mentionné les faits paraissant compromettre la continuité de l'exploitation.

La question est ainsi adressée directement au président du conseil d'administration ou au directoire dans les sociétés anonymes et au gérant dans les SARL afin d'engager un dialogue avec la direction et de lever les craintes des associés.

b) Réponse des dirigeants

Après réception de la question, les dirigeants sont obligés de répondre, et ce par écrit dans le délai d'un mois. À défaut, leur responsabilité civile pourrait être engagée.

Le double de la réponse est ensuite communiqué au commissaire aux comptes sous peine de commettre le délit d'entrave.

La procédure d'alerte des associés est donc simple, rapide et confidentielle. Certes, sa portée est restreinte puisqu'elle ne débouche pas sur une délibération de l'assemblée générale. Mais elle a le mérite de faire réagir le cas échéant les dirigeants et le commissaire aux comptes, tenu informé, peut toujours déclencher une « véritable alerte ».

Techniques d'alerte externe

CHAPITRE 4

Deux alertes peuvent être déclenchées de l'extérieur dont l'intérêt pratique est très variable. Il s'agit, d'une part, de l'intervention « spontanée » du président du tribunal de commerce et d'autre part, de celle, certes plus limitée, des groupements de prévention agréés.

1 Alerte par le président du tribunal

Aux termes de l'article L. 611-2 du Code de commerce, le président du tribunal de commerce peut convoquer les dirigeants des entreprises « *lorsqu'il résulte de tout acte, document ou procédure qu'elles connaissent des difficultés de nature à compromettre la continuité de l'exploitation* ». L'objectif de cette disposition est une fois encore de susciter une prise de conscience et une réaction des dirigeants face aux difficultés de leur entreprise afin d'éviter la mise en œuvre d'une procédure judiciaire plus contraignante. Le pouvoir d'intervention ainsi reconnu au président du tribunal est donc légalement encadré.

Conditions de l'intervention du président du tribunal

La loi permet au président du tribunal de commerce de convoquer les dirigeants des entreprises qui connaissent des difficultés compromettant la continuité de l'exploitation.

a) Entreprises concernées

À l'origine, la procédure était réservée aux sociétés commerciales et aux GIE. Par conséquent, les autres personnes morales de droit privé et les entreprises individuelles étaient exclues. Par la suite, la loi du 10 juin 1994 est venue élargir le domaine de l'alerte en visant sans distinction les sociétés commerciales, les GIE ou les entreprises individuelles, commerciale ou artisanale. Le pouvoir d'intervention du président du tribunal a donc été accru. Toutefois, il est à regretter que la loi du 26 juillet 2005 ne soit pas allée plus loin dans cette logique, excluant toujours les entreprises individuelles civiles (professions libérales ou officiers ministériels...).

b) Critère d'alerte

Le président du tribunal de commerce peut exercer son droit de convocation des dirigeants « *lorsqu'il résulte de tout acte, document ou procédure que l'entreprise connaît des difficultés de nature à compromettre la continuité de l'exploitation* ». C'est une fois encore la même formule que celle utilisée pour l'alerte des commissaires aux comptes. Il s'agit toutefois ici d'une simple faculté.

En pratique, le magistrat consulaire aura directement connaissance de la situation préoccupante de l'entreprise par le biais des différents registres d'inscription du greffe de sa juridiction (inscriptions des privilèges du Trésor ou de l'URSSAF, injonction de payer ou encore non-dépôt des comptes annuels...). Toute autre source d'information n'est évidemment pas exclue, comme notamment l'information par le commissaire aux comptes ayant déclenché une alerte.

■ *Portée de l'intervention du président du tribunal*

Le mécanisme de cette alerte externe est très simple : le président convoque les dirigeants de l'entreprise en difficulté pour un entretien afin de discuter sur les mesures qui s'imposent. Le résultat et l'efficacité de cette intervention en dépendront.

a) Convocation du président du tribunal

Le président du tribunal de commerce fait convoquer par écrit, par l'entremise du greffe, le représentant légal de la personne morale concernée ou le commerçant ou l'artisan. À cette convocation est jointe une note dans laquelle le président expose les faits ayant justifié son intervention. Les dirigeants disposent alors d'un délai d'un mois pour déférer à la convocation et s'y préparer.

Toutefois, ils ne sont pas obligés de s'y rendre. Aucune sanction n'est encourue en cas d'absence. Un procès-verbal de carence est seulement dressé par le greffier et notifié au dirigeant défaillant. Ce processus d'alerte n'est donc efficace que si les dirigeants font preuve de bonne volonté.

b) Entretien

Lorsque l'entrevue a lieu, un dialogue va s'instaurer entre le président du tribunal et les dirigeants de l'entreprise ; de son succès dépendra l'efficacité de l'alerte.

Ces derniers, éventuellement accompagnés de leurs conseils, vont donc indiquer selon la formule légale « *les mesures propres à redresser la situation* ». Il s'agit le plus souvent de véritables plans de redressement supposant notamment une augmentation de capital ou l'intervention de nouveaux partenaires économiques. Le président pourra alors donner son avis sur les solutions envisagées voire attirer l'attention des dirigeants sur l'éventualité d'une procédure de conciliation ou de sauvegarde. Le magistrat consulaire a ici un rôle très particulier qui relève plus de la magistrature morale.

À l'issue de cet entretien, un procès-verbal est établi et signé par les parties et le président du tribunal. Déposé au greffe, il se contente de mentionner la date et le lieu de l'entretien ainsi que l'identité des personnes présentes afin d'assurer la confidentialité de l'entrevue.

En tout état de cause, que l'entrevue ait eu lieu ou non, conformément à l'article L. 611-2 du Code de commerce, le président du tribunal peut toujours obtenir communication, par les commissaires aux comptes, les membres et les représentants du personnel, les administrations publiques, les organismes de sécurité et de prévoyance sociales ainsi que des services de centralisations des risques bancaires et des incidents de paiement, des renseignements de nature à lui donner une information exacte sur la situation économique de l'entreprise. Aucune obligation légale ou contractuelle de confidentialité ou de secret professionnel ne saurait lui être opposée.

En définitive, l'efficacité de cette technique d'alerte externe dépend de la personnalité du magistrat et de la bonne volonté des dirigeants ; deux éléments particulièrement aléatoires.

2 Alerte des groupements de prévention agréés

Créés par la loi de 1984, les groupements de prévention agréés sont des personnes morales de droit privé qui sont investies de missions très variées. Essentiellement, ils doivent fournir à leurs adhérents (PME en général) de façon confidentielle, une analyse comptable et financière de leur situation. Ils sont aussi habilités à conclure, au profit de leurs adhérents, des conventions avec les organismes de crédits ou les compagnies d'assurances. En outre, ils peuvent assister les chefs d'entreprise lorsque ceux-ci sont convoqués par le président du tribunal. Enfin, ils disposent d'un droit d'alerte.

Critère de l'alerte

Aux termes de l'article L. 611-3 du Code de commerce, « *lorsque le groupement relève des indices de difficultés, il en informe le chef d'entreprise et peut lui proposer l'intervention d'un expert* ».

Le critère d'alerte est donc entendu très largement ; aucune précision légale n'étant donnée sur la notion même d'indice de difficulté.

En pratique, le groupement pourra ainsi tenir compte de différents éléments :

– documents comptables et financiers communiqués par les dirigeants ;

– informations portées à sa connaissance (pertes de marchés ou conflits entre associés par exemple).

Il pourra également bénéficier du concours de certaines administrations comme la Banque de France qui sera appelée à lui donner son avis sur la situation de ses adhérents.

Grâce à un critère pour le moins vague, la mise en œuvre de l'alerte est donc facilitée.

Mise en œuvre de l'alerte

La mission du groupement est double. Il doit ***informer*** le chef d'entreprise des difficultés qu'il a relevées et peut aussi lui ***proposer*** l'intervention d'un expert. Rien n'est toutefois précisé dans les textes sur le mode de désignation et le rôle de l'expert. En tout état de cause, le chef d'entreprise adhérent n'est pas tenu par cette proposition et par les informations données par le groupement. Le droit d'alerte des groupements agrées de prévention se révèle donc très limité, faute de tout pouvoir de coercition sur les dirigeants; tout au plus faut-il admettre que les informations obtenues sur la situation de l'entreprise pourraient être transmises aux organes détenteurs d'un droit alerte « interne ».

Détecter ainsi les difficultés des entreprises, que ce soit par l'information ou l'alerte, est une technique de prévention qui en pratique reste limitée si elle est utilisée isolément. En effet, une fois les difficultés isolées, encore faut-il y remédier rapidement pour échapper à une procédure judiciaire. C'est alors tout l'objectif de la ***prévention-traitement***. Ce traitement peut être purement *administratif*, il est alors matérialisé par des aides de l'État (remises de fonds par exemple par l'entremise du CIRI – Comité interministériel pour la restructuration industrielle – ou des CODEFI – Comités départementaux d'examen des problèmes de financement des entreprises – ou échelonnement des dettes fiscales et sociales grâce à la COCHEFE – Commission des chefs de services financiers et des représentants) et subsidiairement des collectivités locales (cautionnement ou exonérations de taxes). Il peut également être purement privé et *conventionnel*.

Mandat ad hoc

CHAPITRE 5

D'origine purement prétorienne, le mandat ad hoc *a en réalité été consacré par la loi du 26 juillet 2005 comme une véritable technique autonome de prévention. L'article L. 611-3 du Code de commerce dispose ainsi que « le président du tribunal de commerce ou du tribunal de grande instance peut, à la demande du représentant de l'entreprise, désigner un mandataire* ad hoc *dont il détermine la mission ». La mise en œuvre de ce procédé purement volontariste reste néanmoins commandée par une grande souplesse comme en attestent la désignation et le rôle du mandataire.*

1 Désignation du mandataire *ad hoc*

La procédure de désignation du mandataire *ad hoc* est relativement simple. Il est désigné par le président du tribunal à la demande du chef d'entreprise.

Demande de désignation

Aux termes de la loi, *seul le représentant de l'entreprise*, c'est-à-dire, le représentant légal de la personne morale ou le débiteur personne physique, *est habilité à demander la désignation d'un mandataire* ad hoc.

Ainsi, tout chef d'entreprise individuelle, commerciale, tout dirigeant de société commerciale, quelle qu'en soit la forme, peut valablement saisir le président du tribunal de commerce aux fins d'une telle nomination. Il en va de même pour les personnes morales de droit privé non commerçantes et pour les entreprises artisanales ou libérales devant cette fois le président du TGI.

En revanche, il ne fait aucune difficulté que la demande ne pourra jamais être formulée par les créanciers, les salariés ou encore par le président du tribunal lui-même. En tout état de cause, la demande doit être présentée par écrit et adressée ou remise au président du tribunal concerné. La requête doit en outre être motivée.

Dès réception de celle-ci, le magistrat va convoquer le chef d'entreprise afin de recueillir ses observations.

Décision du président du tribunal

À la suite de l'entretien avec le demandeur, le président du tribunal peut désigner un mandataire. Toutefois, à défaut de réponse dans le mois, la demande est réputée non admise.

Dans l'hypothèse où le magistrat décide de nommer un mandataire, une ordonnance est alors rendue qui fixe à la fois sa rémunération (après accord du débiteur), l'étendue de sa mission et la durée de celle-ci. Toute prorogation est d'ailleurs possible en fonction de la situation.

Cette ordonnance est notifiée au demandeur par le greffier, voire s'il s'agit d'une profession libérale soumise à un statut législatif ou réglementaire, ou dont le titre est protégé, à l'instance ordinale. Aucune communication n'est faite au Ministère public ou à toute autre personne, la procédure a été voulue comme confidentielle.

Le choix du mandataire est à la discrétion du président du tribunal sous réserve de certaines incompatibilités instituées en 2005 afin de garantir l'indépendance du professionnel (incompatibilités applicables également au conciliateur en cas de procédure de conciliation).

Ainsi, ne pourra être désigné comme mandataire le juge consulaire en fonction ou ayant quitté ses fonctions depuis moins de cinq ans ou encore la personne ayant, au cours des vingt-quatre mois précédant, perçu, à quelque titre que ce soit, directement ou indirectement, une rémunération ou un paiement du débiteur ou d'un de ses créanciers ou d'une personne le contrôlant ou dont il détient le contrôle.

Une fois désigné, le mandataire fait savoir au président s'il accepte ou refuse sa mission.

2 Rôle du mandataire

L'objet ou l'étendue de la mission du mandataire est déterminé(e) par le président du tribunal ; sa portée pratique reste toutefois à préciser.

Objet de la mission du mandataire

Le principe en la matière est simple : *le mandataire n'a aucun pouvoir d'administration*. Le dirigeant reste à la tête de son entreprise et conserve tous ses pouvoirs de gestion. L'absence de tout dessaisissement du « débiteur » est sans aucun doute un élément destiné à renforcer l'attractivité de ce procédé préventif. Le mandataire *ad hoc* a en fait pour mission de rechercher, de proposer des solutions aux difficultés et de discuter avec les créanciers le cas échéant. Pour cela, il est soumis à *une obligation de confidentialité*.

Il rend compte régulièrement au président du tribunal de sa mission par un rapport. Ainsi, il devra par exemple informer le magistrat de toute fraude commise par l'entreprise ou l'un des partenaires ou de difficultés éventuellement rencontrées. De la même manière, il doit faire connaître au chef d'entreprise ses conclusions sur la situation. Ce dernier peut d'ailleurs toujours demander au président de mettre fin à la mission du mandataire en cas de tensions. Un climat de confiance réciproque doit en effet nécessairement s'installer entre les différents interlocuteurs ; de là dépend le succès du mandat *ad hoc*.

■ *Portée de la mission du mandataire*

L'intervention du mandataire peut très bien se terminer par la conclusion d'un protocole d'accord entre les parties qui vient régler les difficultés de l'entreprise. Signé en présence du mandataire *ad hoc*, cet accord n'est pas susceptible d'homologation du tribunal ou du président. Il relève du droit commun des contrats.

Mais le mandat *ad hoc* peut au contraire se conclure par un échec car le débiteur se révèle être en état de cessation des paiements. Dans ce cas, la prévention ayant échoué, l'ouverture d'une procédure de redressement ou de liquidation judiciaire est inévitable.

Enfin, très souvent, une troisième possibilité peut se présenter en pratique. Le mandat *ad hoc* peut parfaitement servir de préalable, de préparation à une procédure de conciliation, le mandataire pouvant alors être désigné comme le conciliateur, ou à une procédure de sauvegarde.

Le mandat *ad hoc* constitue bien une *technique de prévention des difficultés des entreprises* à part entière dont le particularisme juridique ne fait aucun doute. Fondé sur une démarche volontariste du chef d'entreprise, il présente à la fois *un aspect judiciaire*, en raison de la présence du président du tribunal, et *une souplesse de mise en œuvre certaine*. Très attractif, il peut donc se révéler très efficace, quitte à devenir souvent l'antichambre de la procédure de conciliation.

Procédure de conciliation

CHAPITRE 6

Substituée à l'ancien règlement amiable institué en 1984 dont les faiblesses étaient indiscutables, la procédure de conciliation vise à l'obtention d'un accord entre le débiteur et tout ou partie de ses créanciers afin de permettre un sauvetage rapide de l'entreprise en difficulté.
À la différence du mandat ad hoc, *et comme le laisse supposer son intitulé, l'intervention judiciaire est ici plus significative tout en restant mesurée. Il s'agit en réalité d'une véritable procédure de traitement conventionnel des défaillances des entreprises scrupuleusement réglementée par le Code de commerce (art. L. 611-4 à L. 611-12) et assortie d'effets plus ou moins énergiques en fonction de l'issue de la négociation. Cette procédure privilégiée par le législateur de 2005 présente donc certains particularismes tant en ce qui concerne son ouverture, son déroulement ou encore ses issues.*

1 Ouverture de la procédure de conciliation

Fondée sur une démarche volontariste du débiteur, l'ouverture de la procédure de conciliation est néanmoins subordonnée au respect de certaines exigences légales et au prononcé d'une décision judiciaire.

Conditions d'ouverture de la procédure de conciliation

Le bénéfice de la procédure de conciliation suppose en fait la réunion de deux types de conditions : d'une part, des conditions de fond et d'autre part, des conditions de forme.

a) Conditions de fond

Deux exigences sont ici posées par les textes : l'une est relative à la qualité du demandeur, il doit s'agir du seul chef d'entreprise, et l'autre à sa situation ou plus exactement aux difficultés rencontrées.

1) Qualité du demandeur

Conçue comme un processus volontaire, la conciliation ne peut être demandée que par le chef d'entreprise. Plus précisément, la loi distingue deux catégories d'entreprises admises au bénéfice de cette procédure :

– tout d'abord, *les personnes exerçant une activité commerciale ou artisanale* (art. L. 611-4, C. com.) relevant de la compétence du président du tribunal de commerce ; peu importe ici la forme de l'entreprise concernée : personnes morales (sociétés commerciales, groupements d'intérêts économiques) ou personnes physiques ;

– enfin, *les personnes morales de droit privé et les personnes physiques exerçant une activité professionnelle indépendante, y compris une profession libérale* soumise à un statut législatif ou réglementaire ou dont le titre est protégé (art. L. 611-5, C. com.) relevant de la compétence du président du tribunal de grande instance. Sont ainsi visées les sociétés civiles, les associations ou les entreprises individuelles civiles.

En revanche, *sont expressément exclus* de la conciliation *les agriculteurs* soumis au règlement amiable agricole (art. L. 351-1, C. rur.).

2) Situation du demandeur

Pour solliciter l'ouverture d'une conciliation, le demandeur doit, selon les termes légaux, éprouver « *une difficulté juridique, économique ou financière, avérée ou prévisible* », mais ne doit pas se trouver « *en cessation des paiements depuis plus de quarante-cinq jours* ».

Deux conditions cumulatives sont donc posées, conférant ainsi à cette procédure un large champ d'application :

– ***la première, positive***, à savoir, l'existence de « *difficulté juridique, économique ou financière, avérée ou prévisible* » traduit parfaitement la logique de prévention. Elle est entendue très souplement. Non seulement le type de difficultés rencontrées est indifférent, mais également il importe peu qu'elles soient avérées ou simplement prévisibles ;

– ***la seconde condition*** est en revanche ***négative***. La procédure est en effet accessible au demandeur qui n'est pas en état de cessation des paiements depuis plus de quarante-cinq jours. Cette exigence démontre le particularisme de ce processus préventif puisqu'il est envisageable en cas de cessation des paiements, du moins si elle est récente ; celle-ci se caractérisant toujours par un actif disponible insuffisant pour faire face au passif exigible. Le délai de 45 jours est déterminant puisqu'au-delà, seule l'ouverture d'une procédure de redressement ou de liquidation judiciaire est permise, fermant alors la porte à la conciliation.

La cessation des paiements n'est donc plus comme auparavant le critère de distinction entre les procédures amiables et les procédures judiciaires de traitement des difficultés des entreprises. La procédure de conciliation en est la preuve, à l'instar de la procédure de sauvegarde, procédure collective ouverte sans cessation des paiements.

b) Conditions de forme

La demande d'ouverture doit être formée par requête adressée au président du tribunal compétent, tribunal de commerce ou tribunal de grande instance. Celle-ci doit exposer la « situation *économique, sociale et financière* » du demandeur, « *ses besoins de financement ainsi que, le cas échéant, les moyens d'y faire face* » (art. L. 611-6, al. 1, C. com.). En d'autres termes, elle doit contenir non seulement une analyse des difficultés mais aussi les remèdes ou mesures envisagés.

Elle doit être accompagnée d'un certain nombre de documents : extrait d'immatriculation aux registres et répertoire, état des créances et des dettes assorti d'un échéancier ainsi que la liste des principaux créanciers, l'état actif et passif des sûretés ainsi que celui des engagements hors bilan, et enfin les comptes annuels, tableau de financement ainsi que la situation de l'actif réalisable et disponible, valeurs d'exploitations exclues, et du passif des trois derniers exercices, si ces documents ont été établis. En outre, le cas échéant, la requête doit préciser la date de la cessation des paiements.

Toutes ces exigences formelles ne semblent pas posées à peine d'irrecevabilité selon la doctrine. Le libéralisme de la procédure laisse à penser qu'en pratique, en cas de non-respect du formalisme, le président du tribunal saisi peut, soit rejeter la requête, soit demander à son initiateur de la rectifier.

Décision d'ouverture de la procédure de conciliation

Dès réception de la requête, le président du tribunal saisi fait convoquer par le greffier le représentant légal de la personne morale débitrice ou le débiteur, personne physique, pour recueillir ses explications. En outre, il informe le Ministère public. En revanche, aucune information des représentants du personnel n'est prévue par le Code de commerce ; ce qui ne saurait l'exclure pour autant, pour la doctrine, le comité d'entreprise étant intéressé par la marche de l'entreprise.

Le magistrat va ensuite instruire la demande afin de rendre sa décision en toute connaissance de cause.

a) Rôle du président du tribunal

Pour apprécier au mieux la situation du demandeur, le président du tribunal dispose de différentes prérogatives.

Il est, tout d'abord, autorisé à demander des renseignements supplémentaires sur l'entreprise. La loi prévoit ainsi qu'il peut « *obtenir des établissements bancaires ou financiers tout renseignement de nature à donner une exacte information sur la situation économique et financière du débiteur* » et cela nonobstant toutes dispositions législatives ou réglementaires contraires (art. L. 611-6, C. com.). Aussi efficace soit-il, ce pouvoir de communication ou d'investigation connaît toutefois une limite. Le magistrat ne disposant d'aucun moyen coercitif (astreinte...), les personnes interrogées ne sont pas tenues de lui répondre. En cas de refus, elles encourent seulement le risque d'engager leur responsabilité si elles ont causé un préjudice à l'entreprise en compromettant le déroulement de la conciliation. Le président ne pourrait d'ailleurs exiger une communication forcée en application de l'article 10 du NCPC (Nouveau Code de procédure civile) ou encore, à défaut de litige, ordonner une mesure d'instruction *in futurum*.

Enfin, le magistrat peut également charger un expert de son choix d'établir un rapport sur la situation économique, sociale et financière du débiteur. Il s'agira en général d'un expert en diagnostic d'entreprise qui effectuera ainsi un audit financier dont la rémunération est fixée par le président avec l'accord du débiteur (qui en supporte la charge). Une telle expertise sera souvent décisive dans la décision d'ouvrir la procédure de conciliation. Sa nature juridique est toutefois incertaine. Faute de litige, elle n'est pas judiciaire et ne relève pas du Nouveau Code de procédure civile. Mais pour autant elle n'est pas simplement amiable puisqu'elle est ordonnée par une décision de justice.

b) Décision du président du tribunal

Dûment informé, le président du tribunal va donc choisir librement la solution la plus opportune pour l'entreprise, à savoir soit accepter d'ouvrir une procédure de conciliation, soit refuser.

1) Refus d'ouvrir une conciliation

Le magistrat va refuser d'ouvrir une telle procédure dans deux hypothèses principales :

– *si l'entreprise se trouve en cessation des paiements depuis plus de quarante-cinq jours* ; dans ce cas, la demande est irrecevable et le tribunal pourrait se saisir d'office afin d'ouvrir une procédure de redressement ou de liquidation judiciaire ;

– *même en l'absence de cessation des paiements si la solution lui paraît inopportune*. Selon la doctrine, il pourrait ainsi théoriquement proposer l'ouverture d'une procédure de sauvegarde ou au contraire, tout simplement, estimer que la recherche d'accord amiable est préférable.

L'ordonnance de refus est susceptible d'appel du débiteur dans un délai de 10 jours à compter de sa notification. Le président du tribunal a alors la faculté de rétracter ou de modifier sa décision dans les cinq jours. À défaut, le dossier est transmis à la cour d'appel. Les règles sont identiques en cas de décision refusant la prorogation de la mission du conciliateur.

2) Décision d'ouvrir la conciliation

Le président peut parfaitement décider d'ouvrir une procédure de conciliation. Dans ce cas, il désigne un conciliateur pour une période n'excédant pas quatre mois, mais qui est susceptible, par décision motivée et à sa demande, d'une prorogation d'un mois. À l'expiration de cette période, la mission de ce dernier prend fin de plein droit.

La décision ouvrant ainsi la procédure de conciliation est notifiée par le greffier au demandeur et au conciliateur. Elle est en outre communiquée au Ministère public et le cas échéant, à l'ordre professionnel ou à l'autorité compétente dont relève le débiteur. Enfin, une telle ordonnance est insusceptible de recours, l'objectif étant atteint.

2 Déroulement de la procédure de conciliation

Confidentielle par nature, la procédure de conciliation doit permettre d'obtenir la conclusion d'un accord entre le débiteur et ses principaux créanciers. La recherche d'un tel accord est, par conséquent, favorisée non seulement par le conciliateur mais aussi par certaines mesures particulièrement attractives pour les créanciers qui viennent s'ajouter à la liberté contractuelle.

Rôle du conciliateur

La mission et le statut du conciliateur sont très encadrés par la loi.

a) Statut du conciliateur

Désigné par le président du tribunal, le conciliateur est considéré comme **un auxiliaire de justice à titre occasionnel** (puisqu'il est investi de sa mission par une décision de justice). La liberté de choix du magistrat n'est toutefois pas totale. En effet, à l'instar du mandataire *ad hoc,* la loi a posé deux types d'incompatibilités afin d'assurer l'indépendance des intervenants et la moralisation de la procédure. Sous cette réserve, il pourra donc nommer un administrateur judiciaire ou un expert en diagnostic d'entreprise, mais pas nécessairement. Un expert-comptable ou un avocat-conseil pourrait parfaitement être désigné.

En tout état de cause, le débiteur possède une *faculté de proposition et de récusation* si la personne choisie ne lui convient pas. Cette dernière prérogative peut ainsi être exercée dans cinq cas :

– lorsque le conciliateur a, directement ou indirectement, un intérêt personnel (né et actuel) à la procédure. Tel est le cas par exemple s'il s'agit d'un créancier du débiteur ;

– lorsqu'un lien direct ou indirect existe entre le conciliateur et l'un des créanciers ou l'un des dirigeants ou préposés de l'entreprise ;

– lorsqu'« *il existe une cause de défiance entre le conciliateur et le débiteur* » ;

– en cas d'incompatibilités légales ;

– enfin, lorsque le conciliateur a été définitivement radié ou destitué d'une profession réglementée.

La procédure de récusation est d'ailleurs rigoureusement réglementée. Sans rentrer dans le détail, la demande doit être formée dans les 15 jours de la notification de la décision de désignation et doit être motivée. Notification est faite au conciliateur par le greffe.

Cette demande a alors pour effet de suspendre la procédure jusqu'à une décision définitive statuant sur la récusation. Le conciliateur informe par écrit le président du tribunal, soit de son acquiescement à la récusation, et dans ce cas, il est aussitôt remplacé, soit de son opposition.

Dans cette dernière hypothèse, l'affaire est examinée par le magistrat en présence des parties.

Si ce dernier refuse la récusation, le débiteur peut toujours, dans un délai de 15 jours à compter de la notification de l'ordonnance, exercer un recours devant le premier président de la cour d'appel. Un pourvoi en cassation est envisageable le cas échéant.

Quoi qu'il en soit, une fois nommé, le conciliateur est tenu à *une obligation de confidentialité* comme toute personne intervenant à la procédure dont la violation sera sanctionnée par la mise en œuvre de sa responsabilité civile le cas échéant.

Sa rémunération est enfin très encadrée. À la charge du débiteur, elle est fixée par le président du tribunal en deux temps, tout d'abord lors de sa désignation, après avis du débiteur et en fonction des diligences nécessaires à l'accomplissement de sa mission, ensuite à l'issue de la procédure par voie d'ordonnance. Il est admis que les deux décisions sont susceptibles d'un recours devant le premier président de la cour d'appel.

b) Mission du conciliateur

Selon la loi (art. L. 611-7, C. com.), le conciliateur a pour mission de *favoriser la conclusion entre le débiteur et ses principaux créanciers,* ainsi que, le cas échéant ses cocontractants habituels, *d'un accord amiable destiné à mettre fin aux difficultés de l'entreprise*. Son rôle est strictement défini : il doit aider à la négociation d'un accord amiable auquel il n'est pas partie. Il n'est pas chargé d'administrer l'entreprise en difficulté. La procédure de conciliation n'emporte en effet aucun dessaisissement du débiteur.

En revanche, il peut présenter « *toute proposition se rapportant à la sauvegarde de l'entreprise, à la poursuite de l'activité économique et au maintien de l'emploi* ». Les objectifs visés ici sont d'ailleurs identiques à ceux de la sauvegarde.

Pour remplir au mieux sa mission, le conciliateur dispose de deux prérogatives particulières. Il peut ainsi obtenir du débiteur tout renseignement utile ; ce dernier ayant tout intérêt à se montrer coopératif. En outre, il peut demander au président du tribunal communication des renseignements dont il dispose et, le cas échéant, les résultats de l'expertise. La réussite de sa mission dépend certes de ses compétences mais aussi et surtout de sa personnalité et de sa force de persuasion tant à l'égard du débiteur que de ses créanciers.

À l'instar du mandataire *ad hoc*, il rend compte au président du tribunal de l'avancement de sa mission et formule toutes observations utiles sur la diligence du débiteur.

Ainsi, s'il est dans l'impossibilité de parvenir à un accord, il informe sans délai le magistrat qui met fin à sa mission et à la procédure de conciliation. La décision est alors notifiée au débiteur. De la même façon, il peut demander au président du tribunal de mettre fin à sa mission lorsque le débiteur a rejeté ses propositions jugées indispensables à la réussite de la négociation. Inversement, et enfin, l'arrêt de la négociation peut être le fait du débiteur lui-même puisqu'en effet, « *lorsqu'il en fait la demande, le président du tribunal met fin immédiatement à la procédure de conciliation* ». Dans tous les cas, la décision mettant fin à la conciliation n'est pas susceptible de recours.

Incitation à la négociation

La procédure de conciliation a un caractère conventionnel incontestable. Aussi, la liberté de négociation est-elle ici bien réelle entre le débiteur et ses créanciers. Toutefois pour favoriser au mieux la conclusion d'un accord, la loi n'a pas hésité à prévoir *certaines mesures particulièrement attractives pour les parties*. Ainsi, non seulement des remises de dettes ou des délais de paiements peuvent être accordées, mais aussi et surtout les créanciers bénéficient d'une immunité de principe pour les concours consentis.

a) Remises de dettes des créanciers publics

La loi de 2005 a voulu associer autant que possible les créanciers institutionnels au processus de négociation. L'article L. 611-7 dispose ainsi que « *les administrations financières, les organismes de sécurité sociale, les institutions gérant le régime de l'assurance chômage prévu par les articles*

L. 351-3 et suivants du Code de travail ainsi que les institutions régies par le livre IX du Code de la sécurité sociale peuvent consentir des remises de dettes dans les conditions fixées à l'article L. 626-6 du Code de commerce ». En d'autres termes, à l'instar de ces créanciers privés, ces créanciers publics pourront donc consentir des remises de dettes au débiteur souvent décisives pour la réussite de la conciliation. Il faut toutefois préciser que l'administration fiscale est autorisée à consentir des remises sur le nominal des créances que pour les impôts directs et sur les seules majorations et intérêts de retard pour les impôts indirects (D. n° 2007-153 du 5 février 2007).

b) Délais de paiement

Sous l'empire de la législation antérieure, le président du tribunal avait la possibilité de prononcer une suspension provisoire des poursuites en cas de règlement amiable. Cette mesure présentait certes quelques avantages. Elle soulageait le débiteur et favorisait la conclusion de l'accord. Néanmoins, ces inconvénients, comme la perte du caractère confidentiel de la négociation, ne faisaient aucun doute et expliquaient son peu d'utilisation. La loi de sauvegarde des entreprises a supprimé cette disposition. Il est désormais prévu que, « *si au cours de la procédure, le débiteur est poursuivi par un créancier, le juge qui a ouvert cette procédure peut, à la demande du débiteur et après avoir été éclairé par le conciliateur, faire application des articles 1244-1 et 1244-3 du Code civil* » relatifs aux délais de grâce. En d'autres termes, le juge ne peut plus aujourd'hui prononcer une mesure générale de suspension des poursuites. Il peut seulement, compte tenu de la situation du débiteur et des besoins du créancier, reporter ou échelonner le paiement des sommes dues, dans la limite de deux ans, à la condition qu'il ne s'agisse pas de dettes d'aliments. Sa décision suspend les poursuites engagées par le créancier et les majorations ou les pénalités de retard cessent d'être dues pendant le délai fixé par le juge. Il s'agit en fait ici d'éviter qu'un créancier, par son action, fasse obstacle à la conclusion de l'accord de conciliation.

Pour bénéficier de cette opportunité légale, le débiteur doit assigner le créancier poursuivant devant le magistrat qui a ouvert la conciliation. La demande est alors portée à la connaissance de la juridiction saisie de la poursuite, qui doit surseoir à statuer jusqu'à la décision portant sur les délais. Statuant en référé, le président du tribunal peut, soit accorder des délais de paiement, sa décision s'imposant au juge de la poursuite, soit, à l'inverse, refuser d'octroyer de tels délais.

c) Immunité de principe des créanciers du fait des concours consentis

Une dernière disposition de la loi de sauvegarde des entreprises est particulièrement attractive pour les créanciers participant au processus de négociation. En effet, aux termes de l'article L. 650-1, les créanciers « *ne peuvent être tenus pour responsables des préjudices subis, du fait des concours consentis, sauf les cas de fraude, d'immixtion caractérisée dans la gestion du débiteur ou si les garanties prises en contrepartie de ces concours sont disproportionnées à ceux-ci* ».

Par ce texte, la responsabilité des créanciers, pour soutien de l'entreprise, est désormais cantonnée. Un tel cantonnement n'a d'ailleurs pas, pour le Conseil constitutionnel, contraire aux dispositions de l'article 4 de la Déclaration des droits de l'homme et du citoyen qui « *ne fait pas obstacle à ce que, en certaines matières, pour un motif d'intérêt général, le législateur aménage les conditions dans lesquelles la responsabilité peut être engagée* ».

Applicable à toutes les procédures, ce principe d'immunité n'est toutefois pas absolu. La responsabilité des créanciers peut en effet être mise en jeu dans trois hypothèses.

– ***en cas de fraude***. Il s'agit ici d'une hypothèse classique qui n'appelle pas de remarque particulière. La notion de fraude est suffisamment floue pour donner un large pouvoir aux magistrats ;

– ***en cas d'immixtion caractérisée dans la gestion du débiteur***. Aucune définition légale n'est donnée. Pour autant, il semble admis en doctrine qu'une intervention positive du créancier dans la gestion, comparable à une gestion de fait, doit être constatée ;

– ***en cas de constitution de garanties disproportionnées par rapport au concours consenti***. Le législateur a ainsi posé un principe de proportionnalité dont le non-respect est sévèrement sanctionné. Outre la condamnation à des dommages et intérêts, la nullité de plein droit des garanties est prévue. Il appartiendra par conséquent, en pratique, aux établissements financiers de prendre des garanties proportionnées aux prêts accordés.

Un tel dispositif a donc l'avantage d'encourager le crédit, condition du sauvetage de l'entreprise, et ce dès le stade de la négociation.

3 Issues de la procédure de conciliation

La procédure de conciliation peut avoir en réalité deux issues :

– ***la négociation a échoué*** ; les parties n'étant pas parvenues à trouver un accord pour des raisons diverses. Dans ce cas, la loi prévoit que le conciliateur doit présenter sans délai un rapport au président du tribunal. Celui-ci met fin à sa mission et à la procédure de conciliation. La décision est notifiée au débiteur et n'est susceptible d'aucun recours. Les suites à donner à cet échec de la conciliation seront en pratique très variables. Ainsi, si le débiteur n'est pas en cessation des paiements, il sera recevable à demander le bénéfice d'une procédure de sauvegarde. En revanche, en cas de cessation des paiements, une procédure de redressement ou de liquidation judiciaire est parfaitement envisageable avec le risque certain pour le débiteur de se voir reprocher d'avoir trop attendu pour déclarer la cessation des paiements.

– *la conciliation peut très bien se conclure par un accord* entre le débiteur et ses principaux créanciers. L'objectif de cette procédure préventive semble donc atteint. En effet, cet accord, constaté en principe par écrit, aura vocation à produire ses effets, sauf en cas d'inexécution.

Effets de l'accord de conciliation

En cas de réussite de la négociation, la loi donne au débiteur le choix entre deux possibilités pour formaliser l'accord conclu : soit sa simple constatation par le président du tribunal, soit son homologation par le tribunal lui-même. De ce choix dépendra directement certains effets de l'accord, ce qui explique, qu'il risque d'être souvent dicté par les créanciers du débiteur.

a) En cas de constatation de l'accord

Conformément à l'article L. 611-8 du Code de commerce, l'accord de conciliation peut être constaté par le président du tribunal à la demande des parties, c'est-à-dire le débiteur d'une part, et les créanciers parties à l'accord, d'autre part. Saisi par requête conjointe, le magistrat va donc statuer au vu d'une déclaration certifiée par le débiteur attestant qu'il ne se trouvait pas en cessation des paiements lors de la conclusion de l'accord, ou que ce dernier y met fin. L'ordonnance, constatant ainsi l'accord, lui donne *force exécutoire* et met fin à la procédure de conciliation. Cette décision n'est pas soumise à publicité et n'est pas susceptible de recours. Une telle constatation présente ainsi l'avantage de conserver la confidentialité qui a été pratiquée durant toute la procédure de conciliation. Le crédit du débiteur ne sera pas compromis et les efforts consentis par les créanciers, particulièrement les banques, resteront protégés par le sceau du secret.

Néanmoins, *ses effets restent limités*. En application du droit commun des contrats, l'accord, simplement constaté, ne va produire que les effets voulus par les parties ; tout au plus son exécution est-elle facilitée, par l'octroi de la force exécutoire. Au nom de l'effet relatif des conventions, aucun délai ne saurait être imposé aux créanciers non-signataires, ils pourront exercer des poursuites individuelles contre le débiteur (sous réserve des délais de grâce). La situation des cautions et garants est plus ambiguë. Il semble admis en doctrine que seules les premières, dont l'engagement est accessoire, bénéficieront, dans les conditions du droit commun, des remises et délais contenus dans l'accord à la différence des garants autonomes tenus de payer leur propre dette. Enfin et surtout, outre le fait qu'aucun privilège ne leur soit accordé, la sécurité juridique des créanciers signataires n'est pas totalement garantie.

En effet, si après la conciliation, une procédure de redressement ou de liquidation judiciaire vient à être ouverte, le tribunal pourra parfaitement faire remonter la date de cessation des paiements antérieurement à l'accord constaté. Par conséquent, les sûretés conventionnelles prises par les créanciers pourront tomber, le cas échéant, sous le coup des nullités de droit de la période suspecte, en tant que sûretés prises en garanties de créances antérieures. Les créanciers du débiteur n'ont donc pas grand intérêt à la constatation de l'accord de conciliation ; ils feront plutôt pression sur ce dernier pour qu'il sollicite son homologation, garante de sécurité juridique et génératrice d'effets particulièrement avantageux.

b) En cas d'homologation de l'accord de conciliation

Prévue pour le règlement amiable en 1994, l'homologation était alors exigée lorsque l'accord était signé par tous les créanciers. Aujourd'hui, laissée à l'initiative du débiteur, elle est subordonnée à certaines conditions et engendre des effets légaux beaucoup plus énergiques.

1) Conditions de l'homologation

La loi offre désormais au débiteur la possibilité de demander l'homologation de l'accord. Celle-ci est soumise à trois exigences de fond appréciées par le tribunal :

– le débiteur ne doit pas être en état de cessation des paiements ou l'accord conclu doit y mettre fin ;

– les termes de l'accord doivent être de nature à assurer la pérennité de l'activité de l'entreprise ;

– enfin, l'accord ne doit pas porter atteinte aux intérêts des créanciers non-signataires, sans préjudice de l'application des articles 1244-1 à 1244-3 du Code civil, à savoir l'octroi de délai de grâce.

Le tribunal va donc statuer après avoir entendu ou dûment appelé les parties à l'accord, les représentants du comité d'entreprise ou, à défaut, des délégués du personnel, le conciliateur. Le jugement d'homologation est alors déposé au greffe et fait l'objet d'une publicité par un avis d'insertion au *BODACC* et dans un journal d'annonces légales. Il est également communiqué au procureur de la République et le cas échéant au commissaire aux comptes.

La décision d'homologation peut faire l'objet d'une tierce opposition de la part des tiers dans un délai de 10 jours à compter de la publicité du jugement d'homologation. En revanche, la décision rejetant l'homologation est seulement susceptible d'un appel de la part des parties ; aucun recours n'étant ouvert aux tiers dans ce cas, faute de publicité de la décision.

Par son homologation judiciaire, l'accord perd donc non seulement sa nature exclusivement contractuelle mais aussi et surtout son caractère confidentiel. En effet, il est prévu que le jugement, sans pour autant reprendre la teneur de l'accord, « *mentionne les garanties et privilèges constitués pour en assurer l'exécution* ». Il précise ainsi les montants garantis par le privilège de conciliation. De cette façon, les tiers n'auront pas de difficultés à apprécier l'aide qui a été consentie au débiteur. En outre, et enfin, toutes les personnes appelées à l'instance pourront prendre connaissance de l'accord homologué au greffe du tribunal. Cette publicité de l'accord, qui peut certes être préjudiciable, apparaît en fait comme la contrepartie nécessaire des effets de l'homologation judiciaire.

2) Effets de l'homologation

Grâce à l'homologation du tribunal, l'accord de conciliation va en fait produire des effets légaux spécifiques tant à l'égard du débiteur, que des créanciers signataires et enfin des garants.

• À L'ÉGARD DU DÉBITEUR

L'accord homologué engendre principalement deux effets particulièrement avantageux pour le débiteur :

– en premier lieu, il bénéficie de la ***suspension des actions en justice et poursuites en exécution pour les créances visées par l'accord.*** Cette protection du débiteur doit toutefois être interprétée strictement. Ainsi, elle est d'une part, limitée aux seules créances visées dans l'accord homologué. Dès lors, elle ne vaut pas pour les créanciers non-signataires. En outre, un créancier partie à l'accord pourrait parfaitement conserver son droit de poursuite individuelle pour les créances qui en sont exclues. D'autre part, la suspension est cantonnée aux seules actions tendant au paiement d'une somme d'argent, peu importe qu'elle porte sur les meubles ou les immeubles du débiteur. Aussi toute autre action, comme une action en nullité, en résolution ou encore en résolution d'un contrat, est admise. De la même manière, rien ne s'oppose à ce qu'un créancier signataire agisse en justice pour faire reconnaître le principe de sa créance. Enfin, selon la loi, la suspension des poursuites vaut pendant « *la durée de l'exécution de l'accord* ». La généralité de la formule est toutefois contestée par la doctrine qui propose de considérer que les poursuites individuelles sont arrêtées pendant la durée de l'exécution de l'engagement pris par chaque créancier ;

– en second lieu, une autre faveur importante est accordée au débiteur. ***L'accord homologué « entraîne la levée de plein droit de toute interdiction d'émettre des chèques »*** qui a pu être prise à son encontre par un établissement de crédit avant l'ouverture de la procédure de conciliation. Il appartient toutefois au débiteur de communiquer à la banque une copie du jugement d'homologation et un relevé des incidents de paiements. L'organisme bancaire informe alors la Banque de France pour qu'il soit procédé à la levée de l'interdiction.

• À L'ÉGARD DES CRÉANCIERS SIGNATAIRES

Tout d'abord, en contrepartie de la suspension des poursuites, la loi suspend, pour la même durée, les délais qui leur sont impartis à peine de déchéance ou de résolution des droits afférents aux créances visées par l'accord.

En outre, afin d'assurer la sécurisation de l'accord, il est impossible, sauf fraude, de faire remonter la date de cessation des paiements à une date antérieure à la décision définitive d'homologation. En d'autres termes, en cas d'ouverture ultérieure d'une procédure de redressement judiciaire, l'accord ainsi que tous les actes qui y sont inclus ne sauraient être anéantis par le jeu des nullités de la période suspecte.

De la même façon, les créanciers ne peuvent pas en principe voir leur responsabilité engagée pour soutien abusif.

Enfin et surtout, un dernier effet attaché à l'homologation est particulièrement attractif pour les créanciers parties à l'accord. Il s'agit du ***privilège de la conciliation*** ou encore appelé privilège de *new money* prévu par l'article L. 611-11 du Code de commerce dont la mise en œuvre est strictement réglementée. Deux catégories de créanciers peuvent en effet bénéficier de ce privilège :

– les *créanciers qui ont fait un nouvel apport en trésorerie* ; la notion d'apport en trésorerie devant être entendue largement comme toute mise à disposition d'argent frais (ouverture de crédit ou avance). En revanche, le législateur a pris de soin de préciser que ce privilège ne vaut pas pour les apports consentis par les actionnaires et associés du débiteur dans le cadre d'une augmentation de capital, à la différence, selon une interprétation *a contrario,* de simples apports en compte courant ;

– les *créanciers qui fournissent un nouveau bien ou un service*. L'apport de bien n'appelle pas de remarques particulières, la nature du bien important peu. En outre, pourront être considérés comme une fourniture de service toute prestation de service utile à l'entreprise (études de marché, gardiennage ou encore par exemple, un contrat de cautionnement donné par un établissement de crédit ou encore un crédit-bail).

En tout état de cause, le privilège ne saurait être accordé aux créanciers pour les concours octroyés avant l'ouverture de la conciliation. Quel qu'il soit, l'apport effectué devra répondre à deux exigences. Il doit non seulement être prévu dans l'accord, mais aussi et surtout il doit permettre d'assurer « *la poursuite de l'activité de l'entreprise et sa pérennité* ».

Les créanciers jouant le jeu de la conciliation sont ainsi gratifiés (d'un privilège général) d'une ***priorité de paiement*** qui pourra être exercée en cas de survenance d'une procédure de sauvegarde, de redressement ou de liquidation judiciaires. En d'autres termes, en cas d'ouverture d'une procédure collective ultérieure, ces créanciers, sous réserve d'avoir déclaré leurs créances, seront réglés après le superprivilège des salariés et des frais de justice. Ils primeront donc tous les créanciers titulaires de sûretés spéciales antérieures ou postérieures à la conciliation et tous les créanciers bénéficiant du privilège accordé par les articles L. 622-17 et L. 622-13 du Code de commerce, à savoir les créanciers postérieurs éligibles au traitement préférentiel. La mesure est donc particulièrement attractive et efficace car elle leur confère un rang très favorable. Par suite, elle devrait, en pratique, inciter les créanciers à subordonner leur participation à l'accord, par le biais d'une condition suspensive, à son homologation par le tribunal.

• À L'ÉGARD DES GARANTS

L'accord homologué va également produire des effets favorables aux garants du débiteur.

L'article L. 611-10 du Code de commerce dispose désormais que « *les coobligés et les personnes, ayant consenti un cautionnement ou une garantie autonome peuvent se prévaloir des dispositions de l'accord homologué* ». Plus simplement, *les garants du débiteur*, cautions, coobligées, garants autonomes, personnes physiques ou personnes morales, *peuvent ainsi bénéficier des délais et remises consentis au débiteur*. Cette solution est certes justifiée pour les cautions et coobligés en raison de leur caractère accessoire. Elle apparaît toutefois plus discutable, au nom de la rigueur juridique, pour les garanties autonomes, mais peut s'expliquer de façon pragmatique. Il fallait éviter que les banques contournent la loi en exigeant alors systématiquement une garantie autonome.

En définitive, la volonté légale a été de protéger les dirigeants-cautions et de favoriser ainsi une démarche préventive de leur part face aux difficultés de l'entreprise. Le simple constat de l'accord de conciliation est donc sur ce point beaucoup moins attractif.

■ *Inexécution de l'accord de conciliation*

Qu'il soit simplement constaté ou homologué, l'accord passé doit en principe être exécuté, quitte à subir quelques modifications le cas échéant.

Toutefois, toute inexécution n'est pas exclue. La loi a en effet prévu deux hypothèses différentes :

– *la résolution de l'accord* pour inexécution des engagements pris dans l'accord homologué ;

– *la cessation de l'accord* en cas d'ouverture d'une procédure collective.

a) Résolution de l'accord

L'article L. 611-10 alinéa 5 dispose que « *Saisi par l'une des parties à l'accord homologué, le tribunal, s'il constate l'inexécution des engagements résultant de cet accord, prononce la résolution de celui-ci ainsi que la déchéance de tout délai de paiement accordé* ».

Les conditions de la résolution de l'accord sont donc clairement énoncées :

– ***elle peut être demandée, par voie de requête, par toute partie à l'accord amiable*** : débiteur, créanciers ou contractants. Le tribunal n'a pas le pouvoir de se saisir d'office ;

– ***elle suppose l'inexécution des engagements conventionnels***. Aucune distinction n'est faite selon la nature de l'obligation inexécutée (financière, sociale ou juridique). L'ampleur de l'inexécution sera d'ailleurs soumise à l'appréciation du tribunal ;

– ***la résolution ne concerne que l'accord homologué***, l'inexécution de l'accord constaté relevant alors du droit commun des contrats (résolution judiciaire en application de l'art. 1184, C. civ.). À supposer ces exigences légales remplies, le tribunal prononce alors la résolution.

Communiqué au Ministère public, son jugement est notifié aux créanciers parties à l'accord, soumis aux mêmes exigences de publicité que le jugement d'homologations et enfin porté à la connaissance des créanciers auxquels des délais de paiement ont été imposés. Une fois prononcée, cette résolution judiciaire emportera alors l'anéantissement de l'accord de conciliation (délais et remises).

En tout état de cause, la résolution pour inexécution de l'accord de conciliation ne saurait avoir pour conséquence l'ouverture de plein droit d'une procédure collective. Pour autant, un tel événement n'est pas à exclure si les exigences légales sont remplies. En effet, rien n'interdit au tribunal, saisi d'une demande de résolution, d'ouvrir d'office une procédure de redressement ou de liquidation judiciaire.

b) Ouverture d'une procédure collective

L'ouverture d'une procédure collective n'est pas antinomique avec l'exécution d'un accord de conciliation. L'hypothèse est d'ailleurs expressément prévue par le législateur. Aux termes de l'article L. 611-12, « *l'ouverture d'une procédure de sauvegarde, de redressement judiciaire ou de liquidation judiciaire met fin de plein droit à l'accord constaté ou homologué* ».

Dans ce cas, les créanciers signataires recouvrent l'intégralité de leurs créances et sûretés, déduction faite des sommes perçues sans préjudice de l'application du privilège de conciliation si l'accord est homologué. Ils seront soumis à la discipline collective et particulièrement à l'obligation de déclaration des créances et du privilège qui le cas échéant les assortit.

Fondée sur la négociation, la conciliation peut donc être un outil de prévention-traitement des difficultés des entreprises très efficace en pratique. Son attractivité tant pour le débiteur que pour ses partenaires est certaine. Cette procédure a toutefois une particularité qui n'a pas été sans conséquence sur le droit des entreprises en difficulté. En effet, elle démontre que l'état de cessation des paiements n'est plus désormais le critère de distinction entre les procédures amiables et les procédures judiciaires, remettant ainsi en cause le schéma traditionnel des procédures collectives.

PARTIE 2

Traitement judiciaire des entreprises en difficulté

Ouverture de la procédure de sauvegarde

CHAPITRE 7

L'ouverture de la sauvegarde est laissée à la discrétion du débiteur, il est le seul à pouvoir la solliciter à condition de ne pas être en cessation des paiements. La procédure étant judiciaire, il doit respecter les modalités procédurales de l'ouverture.

1 Procédure réservée au débiteur *in bonis*

Les conditions d'ouverture de la procédure correspondent au caractère préventif de la sauvegarde. Elles sont au nombre de deux. La première, subjective, vise la personne du débiteur, elle est commune à toutes les procédures à l'exception de l'ouverture sanction subsistant seulement pour la liquidation judiciaire. La seconde condition est propre à la procédure de sauvegarde, elle est objective et concerne la situation économique de l'entreprise qui ne doit pas être en cessation des paiements. Ces deux conditions doivent être étudiées à la lumière de l'originalité de la sauvegarde : cette procédure s'effectuant à la demande du débiteur, elle est réservée aux entreprises considérées comme viables afin qu'elles surmontent leurs difficultés.

Procédure à la discrétion du débiteur

In bonis, le débiteur reste, en principe, maître du jeu : c'est lui et lui seul qui décide de l'ouverture d'une procédure de sauvegarde. On considère qu'elle est un instrument qui lui est offert pour la sauvegarde d'une entreprise en danger, mais pas en cessation des paiements. Il faut déterminer quels sont les débiteurs à qui la loi offre la « chance » d'une sauvegarde avant d'étudier la maîtrise de l'ouverture de la procédure par le débiteur.

a) La qualité de débiteur

La finalité de la procédure de sauvegarde et ses caractéristiques ont une influence sur la personne du débiteur. Outre les conditions formulées par la loi et le décret, il y a des exigences qui sont sous-entendues par la logique du texte. La sauvegarde ne concerne que les entreprises *in bonis*, qui, par définition, sont encore en activité et doivent dépasser des difficultés passagères pour éviter la cessation des paiements. Par conséquent, les personnes physiques doivent être en activité et les personnes morales ne doivent pas avoir été dissoutes, ce qui met fin à leur activité même si leur personnalité morale est maintenue pour les besoins de la liquidation.

1) Personnes physiques en activité

L'article L. 620-2 du Code de commerce consacre l'élargissement du champ d'application de loi qui désormais s'applique à *toutes personnes physiques exerçant une activité économique indépendante*. Plus précisément, l'article L. 620-2 vise les commerçants, les personnes immatriculées au répertoire des métiers, les agriculteurs, les professions libérales. Les professions libérales soumises à un statut législatif ou réglementaire sont donc assujetties à la loi de sauvegarde des entreprises. Sont concernés : les avocats, les médecins, les architectes, les officiers ministériels (huissiers, notaires...), etc. La loi prend en considération les particularismes de ces professions, c'est-à-dire les exigences du secret professionnel, le fort *intuitu personae* de leurs relations avec leurs clients, en associant le représentant de l'ordre ou de la profession à la procédure (art. L. 621-1, al. 2, R. 662-11, C. com.).

Les exclus de la sauvegarde sont donc les salariés et les fonctionnaires.

2) Personnes morales de droit privé

L'article L. 620-1 vise *toutes les personnes morales de droit privé*, la même règle se retrouve pour le redressement et pour la liquidation judiciaires. Le champ d'application est donc large. En outre, toutes les formes de sociétés commerciales (sociétés anonymes, sociétés à responsabilité limitée, société unipersonnelle à responsabilité limitée, sociétés en nom collectif, sociétés en commandite, sociétés par actions simplifiées), les sociétés civiles et coopératives sont assujetties à la loi de sauvegarde des entreprises. Il en va de même pour les groupements d'intérêt économique, les associations déclarées reconnues ou non d'utilité publique, les syndicats professionnels ou d'initiative ou de copropriétaires, les comités d'entreprise, coopérative, etc. Cette liste n'est pas exhaustive car sont également concernés les caisses primaires d'assurance-maladie, les mutuelles, les organismes de prévoyance, les sociétés d'exercice libéral, etc.

Pour pouvoir demander l'ouverture d'une procédure de sauvegarde, le groupement doit posséder la personnalité morale, ce qui exclut les groupements qui en sont dépourvu ou ceux qui l'ont perdue. La logique voudrait qu'une société dissoute, mais non encore liquidée, ne puisse pas bénéficier d'une procédure de sauvegarde car elle doit disparaître à court terme alors que la sauvegarde vise à maintenir l'activité de l'entreprise.

L'article L. 620-2 consacre l'adage jurisprudentiel « *faillite sur faillite ne vaut* ». Ainsi, une procédure de sauvegarde ne peut pas être ouverte à l'encontre d'un débiteur déjà soumis à une procédure collective non close.

b) Pouvoir discrétionnaire du débiteur

En application des articles L. 620-1 et R. 621-1 du Code de commerce, le débiteur est le seul à pouvoir demander l'ouverture de la procédure. Ce pouvoir discrétionnaire exprime la volonté de responsabiliser le débiteur et de l'encourager dans une démarche d'anticipation des difficultés de l'entreprise. *Demander l'ouverture de sauvegarde peut être vu comme un acte de gestion responsable* en présence de difficultés graves et insurmontables mettant l'entreprise en danger. Au demeurant, il est même suggéré que ne pas demander l'ouverture de la sauvegarde à temps pourrait être considéré comme une faute de gestion dans le cadre d'une procédure de redressement judiciaire ou de liquidation judiciaire ouverte ultérieurement. D'autres auteurs estiment qu'une telle solution serait illusoire : les dirigeants, pour se couvrir, demanderaient une ouverture de sauvegarde de pure forme ; il serait regrettable qu'ils perdent la liberté de choisir ou pas de demander une sauvegarde. Ce pouvoir discrétionnaire est protégé par la suppression des cas d'ouverture sanction, le débiteur ne peut pas être soumis à une procédure de sauvegarde à son corps défendant.

1) Domaine d'application de la sauvegarde

L'exclusivité offerte par la loi au débiteur suppose une réflexion renouvelée sur la capacité du débiteur et sur la situation des commerçants ou artisans de fait. Ces derniers en dépit du caractère volontariste de la procédure, devraient avoir la possibilité de demander l'ouverture d'une sauvegarde. L'article L. 620-2 du Code de commerce vise les personnes physiques exerçant une activité professionnelle indépendante. Le commerçant comme l'artisan de fait peuvent se prévaloir de cette qualité. Cette interprétation est conforme à l'objectif de la loi qui veut s'appliquer à toutes les activités économiques. Il subsiste la difficulté de la compétence du tribunal. Si la logique suggère la compétence du tribunal de grande instance (art. L. 621-2, C. com.), une bonne administration de la justice impose la compétence du tribunal de commerce.

En ce qui concerne les groupes de sociétés, le principe est inchangé. Les groupes étant dépourvus de toute personnalité juridique, ils ne peuvent demander l'ouverture d'une sauvegarde. Chaque filiale, dotée de la personnalité juridique, est indépendante. Sa situation, dans le cadre d'une procédure de sauvegarde doit être prise en considération sans tenir compte de son appartenance au groupe, sauf accord prévoyant le soutien financier de la société-mère à l'égard de sa filiale.

L'extension est envisagée dans le cadre de la sauvegarde : l'article L. 621-2 du Code de commerce affirme que la procédure peut être étendue à d'autres personnes en cas de confusion de leur patrimoine avec celui du débiteur ou en cas de fictivité de la personne morale. Le même article ne précise pas qui peut demander l'extension, mais énonce que le tribunal ayant ouvert la procédure initiale reste compétent. Une telle disposition est surprenante car elle fait perdre au débiteur son droit exclusif à demander l'ouverture de la procédure. Cette possibilité présente, cependant, de nombreux avantages. Tout en respectant la lettre de la loi (art. L. 621-2, al. 2, C. com.) et si l'on s'en tient à la volonté de favoriser l'application de la sauvegarde, elle est le moyen d'étendre la procédure au groupe sans attendre la cessation des paiements et l'intervention des créanciers. L'extension change alors de nature, on ne peut plus la voir comme une sanction, mais comme un avantage offert au groupe pour se restructurer avant la survenance de la cessation des paiements.

2) Suppression des ouvertures sanctions

Elle garantit au débiteur de ne pas se voir imposer l'ouverture d'une procédure de sauvegarde. Cette suppression vaut pour le redressement judiciaire et la liquidation judiciaire. De même, il faut noter la suppression de l'ouverture d'une procédure à l'égard des associés solidairement et indéfiniment tenus au passif. Enfin, l'ouverture-sanction à l'égard des dirigeants est également supprimée, cette sanction n'existe plus que dans le cas de la liquidation judiciaire.

■ *Procédure réservée aux entreprises viables*

La sauvegarde est un redressement judiciaire anticipé. Partant de la constatation que si l'entreprise est en cessation des paiements, il est déjà trop tard pour tenter de la réorganiser en vue *de son sauvetage*, le législateur a forgé un critère spécifique concernant l'ouverture de la sauvegarde. Ce critère est énoncé à l'article L. 620-1 du Code de commerce, il s'agit de « *difficultés que le débiteur n'est pas en mesure de surmonter et de nature à le conduire à la cessation des paiements* ». L'appréciation des critères d'ouverture se fait donc au cas pas cas en tenant compte du particularisme de chaque situation. Une lecture attentive de l'article laisse apparaître deux éléments dans les critères d'ouverture de la procédure de sauvegarde. Le premier élément est le critère subjectif tenant à la personnalité du débiteur. L'appréciation de l'impossible dépassement des difficultés doit se faire de manière subjective en tenant compte des capacités du débiteur demandeur. Le second élément est le critère économique qui doit s'apprécier *in concreto*.

a) Critère personnel : les capacités du débiteur-demandeur

L'article L. 620-1 du Code de commerce implique que le débiteur ne doit pas être en mesure de surmonter par lui-même les difficultés qu'il rencontre. Une approche subjective est imposée par le texte. Outre les éléments économiques, comptables, il faudra que les juges tiennent compte de la maladie, de l'âge, du découragement du débiteur. L'article R. 621-1 du Code de commerce confirme cette analyse en imposant au débiteur « *d'exposer la nature des difficultés qu'il rencontre et les raisons pour lesquelles il n'est pas en mesure de les surmonter* ». L'appartenance du débiteur à un groupe prospère ne doit pas être prise en considération, seules ses propres capacités de redressement doivent être retenues par le tribunal au moment du jugement d'ouverture.

b) Critère économique : l'appréciation *in concreto*

Cette appréciation est le fait du tribunal qui, au vu des éléments qui lui sont présentés, sera convaincu ou pas de la nécessité d'ouvrir une procédure de sauvegarde. Cette appréciation, comme le montre la jurisprudence, fait l'objet d'un contrôle allégé, mais d'un contrôle tout de même de la Cour de cassation. L'article L. 621-1 précise qu'avant de statuer, le tribunal compétent peut commettre un juge pour recueillir tous renseignements sur la situation financière, économique et sociale de l'entreprise. Les termes financiers, économiques et sociaux suggèrent les difficultés auxquelles il faut s'intéresser. Le renvoi à l'article L. 623-2 montre qu'il peut obtenir communication des documents nécessaires pour apprécier la situation du débiteur. En outre, il peut recourir à un expert.

Les difficultés visées par l'article L. 620-1 du Code de commerce peuvent être de toute nature : *financières, économiques* (évolution d'un marché, perte d'un marché), *juridiques* (condamnation environnementale), *sociales*, etc. Cette grande variété favorise le caractère *in concreto* de l'appréciation, tout est affaire de circonstance. Le tribunal doit tenir compte des *éléments du passé* (état des comptes) et *des éléments futurs* (prospectives sur les chances de sauvegarde de l'entreprise et les exigences de financement et d'investissement). À la différence des critères d'ouverture de la procédure de conciliation, les difficultés invoquées doivent être graves et présentes, donc pas seulement prévisibles.

La preuve négative de l'absence de cessation des paiements doit être rapportée. La cessation des paiements doit être une menace si l'on ne fait rien mais, par définition, elle n'est pas constatée par le tribunal au jour de l'ouverture de la sauvegarde et elle ne doit pas davantage être imminente ! La procédure ne doit être ouverte ni trop tôt – pour éviter les abus (la procédure est collective et affecte les droits des tiers, elle peut être un instrument qui fausse le droit de la concurrence ou lèse les droits des créanciers confrontés à la procédure) – ni trop tard – pour que la procédure conserve son originalité.

La date d'appréciation des difficultés rencontrées par l'entreprise participe du succès de la procédure de sauvegarde. La Cour de cassation est intervenue sur cette question favorisant l'application de la procédure de sauvegarde en précisant que les *difficultés doivent être appréciées à la date du jugement d'ouverture de la sauvegarde* et non pas à la date à laquelle le tribunal statue. Le caractère évolutif de la situation du débiteur impose de prévoir les hypothèses de survenance de la cessation des paiements qui conduisent à la conversion de la procédure de sauvegarde en redressement judiciaire, voire en liquidation judiciaire.

2 Modalités procédurales de l'ouverture de la sauvegarde

Ces modalités permettent de comprendre l'importance considérable du jugement d'ouverture.

Tribunal compétent

Classiquement, la compétence matérielle doit être précisée ainsi que la compétence territoriale.

a) Compétence matérielle

Le tribunal de commerce est compétent lorsque le débiteur est commerçant (personnes physiques ou sociétés commerciales par la forme) ou immatriculé au répertoire des métiers. Le tribunal de grande instance a une compétence subsidiaire puisqu'il est compétent dans toutes les autres hypothèses (agriculteurs, personnes physiques exerçant une activité professionnelle indépendante, membres des professions libérales, personnes morales de droit privé, etc.).

Le principe de l'unicité de la procédure garantit un bloc de compétence en matière de procédures collectives. Il impose de maintenir la compétence du tribunal ayant ouvert la procédure initiale en cas d'extension de la procédure de sauvegarde. Il impose également que le tribunal compétent le reste pour toutes les suites éventuelles de l'ouverture de la procédure sous réserve des compétences exclusives d'autres juridictions. En cas de contestation sur la compétence du tribunal, il est prévu que si le tribunal se déclare compétent, il doit statuer sur le fond dans la même décision.

b) Compétence territoriale

Si le débiteur, personne morale, a le siège de son entreprise en France, ou si le débiteur, personne physique, a l'adresse de son activité en France, le tribunal territorialement compétent est celui dans le ressort duquel est situé le siège ou l'adresse.

En présence d'une entreprise dont le siège n'est pas situé en France, le même article précise que le tribunal compétent est celui dans le ressort duquel le débiteur a le centre principal de ses intérêts en France. Le choix récent de la Cour de cassation en faveur du principe d'universalité de la faillite permet au tribunal compétent, conformément au principe de l'unité du patrimoine, d'appréhender tous les actifs du débiteur, même s'ils se trouvent à l'étranger. Ce pouvoir n'est effectif que sous réserve de l'obtention de l'exequatur de la décision française à l'étranger. Réciproquement, le tribunal français ne peut pas ouvrir une procédure si le débiteur est déjà soumis à une procédure ouverte à l'étranger et reconnue (exequaturée) en France.

Au sein de l'Union européenne (en dehors du Danemark), le règlement n° 1346/2000 du 29 mai 2000 relatif aux procédures d'insolvabilité, entré en vigueur le 31 mai 2002, précise que la procédure d'insolvabilité principale, qui est par définition universelle, est ouverte par le tribunal du lieu du centre des intérêts principaux du débiteur.

Jugement d'ouverture

Le jugement d'ouverture est important en raison des conséquences graves qu'il entraîne pour le débiteur et pour les tiers. Le contenu du jugement d'ouverture implique comme préalable l'information du tribunal afin qu'il statue en connaissance de cause.

a) Préalable au jugement d'ouverture : l'information du tribunal

Une période d'environ deux mois s'écoule entre la saisine du tribunal et le jugement d'ouverture. Cette période est mise à profit pour assurer l'information du tribunal. En effet, ce dernier doit être pleinement informé pour décider d'accepter d'ouvrir une procédure de sauvegarde plutôt qu'un redressement judiciaire ou liquidation judiciaire. Si les conditions de fond de la sauvegarde sont bien remplies, la procédure doit être ouverte. En revanche, si les conditions légales et réglementaires ne sont pas vérifiées, le juge doit rejeter la demande du débiteur.

Les informations nécessaires pour que le tribunal statue en connaissance de cause sont d'abord données par le débiteur lui-même. L'article R. 621-1 du Code de commerce exige que le débiteur *« expose la nature des difficultés qu'il rencontre et les raisons pour lesquelles il n'est pas en mesure de les surmonter* ». Ce même article énumère les documents, comptables, économiques, sociaux et juridiques, qui doivent être joints à la demande. Toujours pour son information, le tribunal procède à des auditions. Certaines *auditions* sont *obligatoires*. L'article L. 621-1 du Code de commerce précise que le débiteur, les représentants du personnel et le représentant de l'ordre ou de l'autorité compétente si le débiteur exerce une profession libérale doivent être entendus ou dûment appelés en chambre du conseil. Cette audition doit assurer la prise en compte des exigences déontologiques et disciplinaires de la profession. Le droit d'expression des salariés est préservé car il faut que les représentants du personnel aient été appelés pour que la procédure soit valable. Le texte laisse la possibilité au tribunal de procéder à des *auditions facultatives*. Les personnes concernées sont susceptibles d'avoir une bonne connaissance de l'entreprise : l'expert-comptable, le commissaire aux comptes, les banquiers, les principaux créanciers. Cependant, selon certains auteurs, ils peuvent opposer au tribunal le secret professionnel. Si le tribunal estime ne pas être suffisamment informé, il peut commettre un *juge enquêteur* afin de « *recueillir tous renseignements sur la situation financière, économique et sociale de l'entreprise* » (art. L 621-1, al. 3, C. com.). Ce juge peut obtenir, en application de l'article L. 623-2, toutes les informations utiles des commissaires aux comptes, des experts-comptables, des représentants du personnel, des administrations et des organismes publics, de prévoyance et de sécurité sociales, des établissements de crédit sans que ces derniers puissent lui opposer le secret professionnel. Le juge enquêteur peut se faire assister d'un expert de son choix. Le juge fait un rapport auquel est annexé le rapport de l'expert, le rapport est déposé au greffe du tribunal. Pour déjouer les fraudes, il est précisé qu'en cas de mandat *ad hoc* ou de procédure de conciliation, l'ouverture de la procédure doit être examinée en présence du Ministère public; les pièces et les actes relatifs au mandat et à la procédure pourront être communiqués.

b) Contenu du jugement d'ouverture

Le jugement d'ouverture constate que les conditions de la sauvegarde sont remplies et ouvre la procédure. Le jugement d'ouverture est qualifié de déclaratif; en réalité, il s'agit d'un jugement constitutif donnant naissance à une situation juridique nouvelle opposable à tous. Il est rendu en audience publique et a l'autorité absolue. Cette autorité s'efface devant le réalisme économique dans l'hypothèse d'une conversion de la sauvegarde en redressement judiciaire si, ultérieurement, il est constaté que le débiteur était déjà en cessation des paiements au jour de l'ouverture de la sauvegarde.

Le jugement d'ouverture prend effet à compter de sa date, non au moment de son prononcé mais, avec une rétroactivité de quelques heures, à 0 heure du jour où il est rendu. L'information des tiers est assurée par la publicité du jugement d'ouverture avec l'indication des pouvoirs conférés à l'administrateur, c'est-à-dire simple surveillance ou assistance du débiteur. Le jugement d'ouverture est mentionné au registre du commerce et des sociétés pour les commerçants et pour les personnes morales immatriculées. Il est signalé au répertoire des métiers pour les artisans et sur un registre spécial ouvert au tribunal de grande instance pour les autres cas. Un avis du jugement d'ouverture est inséré au *BODACC* et à un journal d'annonces légales du lieu du siège du débiteur. Enfin, le greffier notifie au débiteur le jugement d'ouverture dans les huit jours qui suivent sa date tandis qu'il en adresse copie, sans délai, aux mandataires de justice désignés, au procureur de la République et au trésorier-payeur général du département.

Le jugement d'ouverture nomme les organes de la procédure :

– en premier lieu, le tribunal désigne le *juge-commissaire* (plusieurs si nécessaire), qui est choisi parmi les juges qui composent le tribunal et qui est responsable du bon déroulement de la procédure et de la protection des intérêts en présence. Il est l'homme-orchestre de la procédure. Il exerce une « magistrature économique » et, pour remplir efficacement cette fonction, il a communication de toutes les informations importantes (rapports établis et rendus pendant la période d'observation). Il contrôle les organes de la procédure, peut décider de nommer des comités de créanciers alors que les seuils légaux ne sont pas atteints, il désigne les contrôleurs parmi les créanciers. Outre les décisions qu'il prend pendant la période d'observation, il donne l'autorisation au débiteur ou à l'administrateur de passer certains actes graves. Il dispose de larges pouvoirs d'investigation, il peut autoriser les licenciements pour motif économique, il vérifie les créances, etc. L'article L. 621-5 du Code de commerce assure l'indépendance de la fonction en édictant des incompatibilités liées aux liens de parenté entre le juge-commissaire et le débiteur. Il statue par ordonnances. Ces dernières sont susceptibles de recours (opposition, appel et pourvoi en cassation sur le jugement statuant sur ce recours en application du droit commun);

– en second lieu, le tribunal, dans le même jugement, désigne un ou plusieurs *administrateurs* (cette nomination n'est pas obligatoire si l'entreprise débitrice a un chiffre d'affaires hors taxes de moins de trois millions d'euros et emploie moins de vingt salariés). L'administrateur est chargé, par décision de justice, d'administrer les biens d'autrui et d'exercer des missions d'assistance ou de surveillance dans la gestion de ces biens. Il accompagne le débiteur en sauvegarde puisqu'il est chargé de gestion de ses biens, *il le surveille ou l'assiste dans la gestion de l'entreprise pendant la période d'observation*. Il dispose de pouvoirs propres, il évince alors le débiteur, par exemple, en ce qui concerne la décision de continuer ou non les contrats en cours. Il informe le juge-commissaire et le Ministère public du déroulement de la procédure. Il prépare avec le débiteur le plan de sauvegarde en élaborant un bilan économique, social et environnemental de l'entreprise. En présence d'un administrateur, le débiteur n'est plus seul. En l'absence d'administrateur, les pouvoirs du débiteur sont encadrés par l'intervention du mandataire judiciaire et du juge-commissaire ;

– toujours dans le jugement d'ouverture, le tribunal désigne le *mandataire judiciaire* chargé de représenter l'intérêt collectif des créanciers. Pour préserver son indépendance et son intégrité, outre les interdictions de l'article L. 621-5 précitées, il est précisé que, si la sauvegarde est ouverte moins de dix-huit mois après l'échec d'un mandat *ad hoc* ou d'une conciliation, le Ministère public peut s'opposer à la nomination comme mandataire judiciaire, représentant des créanciers, du mandataire *ad hoc* ou du conciliateur ;

– enfin, il est prévu la désignation d'un *représentant des salariés* parmi les salariés de l'entreprise. Ce dernier participe à la vérification des créances salariales et il remplace le comité d'entreprise ou les délégués de personnel en leur absence.

Une fois les informations collectées et les acteurs de la procédure désignés par le tribunal, le jugement d'ouverture met en place la procédure. En application d'une règle traditionnelle et pour accélérer la procédure et les chances de redressement du débiteur, le principe est celui de son exécution à titre provisoire de plein droit. L'arrêt de l'exécution provisoire reste possible : le premier président de la cour d'appel doit être saisi en référé au cours d'une procédure d'appel interjetée contre le jugement d'ouverture. Les moyens invoqués à l'appui de l'appel doivent apparaître sérieux, cette exigence rend difficile l'arrêt de l'exécution provisoire. Toutefois, alors même qu'il est exécutoire, le jugement d'ouverture peut faire l'objet de voies de recours de droit commun (opposition, tierce opposition, appel, pourvoi en cassation). Celles-ci sont aménagées pour rendre plus strictes leurs conditions d'ouverture (réduction des délais et limitation du nombre des titulaires). Le jugement d'ouverture est un élément essentiel de la procédure car, à compter du jour où il est rendu la situation du débiteur, de ses créanciers et de ses autres partenaires change du tout au tout avec le déroulement de la procédure.

Déroulement de la procédure de sauvegarde

CHAPITRE 8

Le déroulement de la procédure de sauvegarde se décompose en deux temps. Le premier est celui de la réflexion pendant la période d'observation. Ce temps est celui de la préparation de la sauvegarde de l'entreprise. Cette pause indispensable est rendue possible par la protection de l'entreprise des appétits des créanciers. Le second temps est celui de l'action à travers l'exécution du plan arrêté par le tribunal, exécution qui doit conduire, s'il est respecté, au retour de l'entreprise à une situation saine.

1 Effets du jugement d'ouverture

Le premier est l'ouverture de la période d'observation qui altère profondément la situation des acteurs concernés par la procédure de sauvegarde. La période d'observation est un havre de tranquillité offert par la loi au débiteur. Le but est de lui permettre de refaire ses forces et de préparer sa réorganisation par l'adoption d'un plan de sauvegarde. L'élaboration d'un plan de sauvegarde crédible est donc le deuxième effet majeur du jugement d'ouverture.

Période d'observation

Le jugement ouvre la période d'observation. Elle remplit une double fonction :

– d'abord, *elle place le débiteur dans une bulle protectrice*. Plusieurs mesures dérogatoires du droit commun lui offrent un répit et expliquent que, par nature, la période d'observation ne peut être que provisoire. L'article L. 621-3 du Code de commerce la limite à six mois maximum pouvant être renouvelés une fois par le tribunal par une décision motivée à la demande de l'administrateur, du débiteur ou du Ministère public ;

– ensuite, *elle doit permettre la poursuite de l'activité de l'entreprise* dans les meilleures conditions. La période d'observation est donc une parenthèse offerte au débiteur craignant la cessation des paiements. Elle affecte profondément le sort de l'entreprise, du débiteur et de ses partenaires.

a) Sort de l'entreprise

L'objectif de la sauvegarde, comme du redressement judiciaire, est de poursuivre l'activité de l'entreprise, de maintenir l'emploi et d'apurer le passif. Pour réaliser cet objectif à l'égard de l'entreprise, il faut, pour être en mesure d'élaborer un plan de sauvegarde (dans le redressement judiciaire un plan de redressement), d'évaluer les capacités de l'entreprise, tout en la protégeant pour assurer le maintien de son activité. Par conséquent, il faut, pendant la période d'observation, travailler sur deux fronts : le premier consiste dans la protection de l'entreprise et le second réside dans la promotion de l'activité de l'entreprise.

1) Protection de l'entreprise

La protection de l'entreprise suppose de la mettre à l'abri des poursuites de ses créanciers en imposant à ces derniers les règles de la discipline collective. À ce titre, la loi instaure une sorte de bouclier protecteur bloquant les actions des créanciers. Parmi eux, certains supportent le gel du passif. Classiquement, les mesures restrictives des droits des créances concernent ceux dont la créance est née avant le jugement d'ouverture. La loi nouvelle innove en étendant leur domaine d'application aux créances nées après le jugement d'ouverture, mais « inutiles » à la procédure. L'article L. 622-7 fait une référence expresse et justifiée à l'article L. 622-17 du Code de commerce. Ce dernier article ajoute un critère qualitatif à l'élection des créances nées après le jugement d'ouverture au statut de créances privilégiées. Les créances, même postérieures, qui ne sont pas utiles à la procédure, supportent le gel du passif.

Ces mesures protectrices forment un bouclier efficace. La première règle est celle de *l'interdiction des paiements.* Elle est classique pour toutes les créances antérieures (créances d'origine contractuelle, délictuelle, fiscale, légale), elle est nouvelle pour les créances postérieures non privilégiées. La difficulté est de fixer la date de naissance de ces créances, la jurisprudence est prolixe et originale. Elle ne reprend pas toujours à son compte les règles du droit commun. Ainsi, en matière contractuelle, ce n'est pas la date de formation du contrat qui est retenue, mais celle de l'exécution progressive des obligations dues. En matière de créance de responsabilité délictuelle, le même souci de réalisme conduit à retenir la date du fait dommageable et non pas celle de la décision de condamnation. L'article L. 622-7 du Code de commerce réitère la règle de l'« *interdiction de payer toute créance née antérieurement au jugement d'ouverture* ». Les paiements visés sont ceux, sous toutes leurs formes (y compris le pacte commissoire), réalisés par le débiteur. La sanction est la nullité absolue. La demande doit être introduite par tout intéressé dans les trois ans de l'acte ou du paiement. Certaines exceptions, d'interprétation stricte, mais importantes, sont prévues. La plus générale vise le paiement par compensation des créances connexes. Cette dernière condition est strictement contrôlée. Les créances sont connexes lorsqu'elles sont la conséquence de l'exécution d'un même contrat ou ensemble contractuel ou de la même opération économique. Les créances doivent être de même nature, ce qui exclut toute compensation entre des créances contractuelles et délictuelles. D'autres exceptions sont spéciales. Le paiement est possible pour retirer une chose d'un gage ou une chose légitimement retenue (droit de rétention) si ce retrait est nécessaire à la continuation de l'activité de l'entreprise. Les créances salariales superprivilégiées échappent également à l'interdiction de paiement, tout comme le paiement provisionnel du titulaire d'un nantissement ou d'une hypothèque en cas de vente avec l'autorisation du juge-commissaire d'un bien grevé d'un privilège spécial. Les créances liées aux besoins de la vie courante du débiteur personne physique et les créances alimentaires bénéficient aussi d'une exception permettant leur paiement. Plus strictement encadrée encore, une autre exception concerne les actes de dispositions étrangers à la gestion courante : l'octroi d'une hypothèque ou un nantissement ou l'acceptation d'un compromis ou d'une transaction, doivent être autorisés par le juge-commissaire. Le principe posé par l'article L. 622-30 est celui de l'interdiction de l'inscription des hypothèques, nantissement et privilèges sous réserve de l'exception qui profite au Trésor public et au vendeur du fonds de commerce.

Pour les mêmes raisons, les *poursuites individuelles* contre le débiteur sont arrêtées. Comme pour l'interdiction de payer, cette interdiction concerne les créances nées avant le jugement d'ouverture et les créances nées postérieurement à l'ouverture de la procédure mais non privilégiées pour ne pas être utiles à la procédure. Les voies d'exécution sont arrêtées et interdites de la même manière. Les exceptions sont les mêmes que celles énoncées dans l'interdiction de payer. Pour inciter à l'ouverture d'une procédure de sauvegarde et un traitement précoce des difficultés, l'article L. 622-28, al. 2 du Code de commerce précise que, du jugement d'ouverture au jugement arrêtant le plan de sauvegarde, toute action contre les personnes physiques coobligées ou ayant consenti un cautionnement ou une garantie autonome est suspendue. Cette mesure est une incitation en faveur du chef d'entreprise qui est le garant personnel de l'entreprise rencontrant des difficultés susceptibles de la conduire à la cessation des paiements. En demandant l'ouverture de la procédure, il ne prend pas le risque d'être poursuivi à titre de garant personnel. Ainsi, en vue de protéger davantage le chef d'entreprise souvent caution, garant personnel ou à la première demande de son entreprise, les créanciers ne peuvent pas davantage poursuivre les cautions, garants personnels personnes physiques. Certaines mesures supplémentaires viennent compléter ce bouclier législatif protecteur du débiteur : l'arrêt du cours des intérêts légaux et conventionnels ainsi que de tous les intérêts de retard et de majoration, les créances non échues ne deviennent pas exigibles du fait de l'ouverture de la procédure et les clauses prévoyant la déchéance du terme en cas d'ouverture de la procédure sont réputées non-écrites.

Permettre l'adoption d'un plan de sauvegarde suppose en amont le maintien et la poursuite de l'activité du débiteur pendant la période d'observation.

2) Maintien de l'activité de l'entreprise

« *L'activité de l'entreprise est poursuivie pendant la période d'observation...* » (art. L. 622-9, C. com.). Pour réaliser cet objectif, une condition préalable s'impose : la poursuite des contrats en cours ; sans eux, l'activité de l'entreprise n'est qu'un leurre. Le principe de la continuation des contrats en cours est posé par l'article L. 622-13 du Code de commerce. Hormis le contrat de travail, aucun contrat n'est exclu de l'application de cette disposition dès lors qu'il est en cours d'exécution ou d'existence.

En présence d'un administrateur, ce dernier détient une compétence exclusive pour exercer l'option offerte par la loi. En son absence, l'option est exercée par le débiteur après avis conforme du mandataire judiciaire, le juge-commissaire tranche un éventuel différent entre eux.

Tant que la procédure, dont l'initiative est laissée au cocontractant sans interdire à l'administrateur d'agir, n'est pas engagée, le contrat est automatiquement continué. Par conséquent, le cocontractant doit continuer à exécuter le contrat sans aucun aménagement. En contrepartie, il a droit au paiement de ses prestations en bénéficiant du privilège offert aux créances nées postérieurement au jugement d'ouverture. Cette situation temporaire peut paraître précaire. Pour en sortir le cocontractant dispose de la faculté d'adresser une mise en demeure (en pratique lettre recommandée avec avis de réception) à l'administrateur. Ce dernier dispose d'un délai d'un mois pour prendre position. Le silence de l'administrateur entraîne la résiliation de plein droit du contrat. L'administrateur lui-même peut exercer l'option sans attendre d'être mis en demeure. Il lui est possible de poursuivre le contrat en prenant position expressément ou tacitement en continuant à exécuter le contrat de manière non équivoque.

La continuation du contrat suppose que ce dernier est nécessaire à la sauvegarde de l'entreprise et que le débiteur dispose des moyens suffisants pour assumer le paiement des prestations fournies ; mieux si la prestation porte sur une somme d'argent, le paiement doit être fait au comptant (le cocontractant peut accepter des délais de paiement). En cas de continuation du contrat, l'article L. 622-13 précise que, pour l'avenir, l'exécution du contrat se poursuit normalement. Le cocontractant est éligible à l'article L. 622-17 : il est payé à l'échéance et, à défaut, bénéficie du privilège de paiement. Cependant, le texte, dans son alinéa 4, prévoit « *une purge des inexécutions antérieures* », ces dernières ne peuvent plus affecter l'exécution du contrat continué. En outre, pour ne pas aggraver le passif de la procédure, le défaut d'exécution de ces engagements n'ouvre droit qu'à des créances subissant le régime des créances antérieures à l'ouverture de la procédure.

La renonciation du contrat peut prendre deux formes. Si elle résulte de la mise en demeure de l'administrateur par le cocontractant, la résiliation est de plein droit. Si l'administrateur renonce au contrat (ce dernier ne lui semble pas nécessaire à la procédure ou il ne dispose pas des fonds nécessaires à son exécution) alors que le cocontractant est resté inactif, la résiliation dépend du droit commun. La renonciation n'est autre qu'une inexécution du contrat qui ouvre droit à des dommages et intérêts qui constituent une créance antérieure au jugement d'ouverture et en supporte le régime.

La protection de l'entreprise a un prix : la modification du sort des partenaires de l'entreprise.

b) Sort des partenaires de l'entreprise

Les principaux partenaires de l'entreprise sont ses contractants c'est-à-dire ses créanciers et ses salariés.

1) Sort des créanciers

Ces derniers se répartissent en deux catégories, celles des élus et celles des déchus :

- Les créanciers déchus

Ce sont les créanciers dont la créance est née avant l'intervention du jugement d'ouverture et les créanciers dont la créance est née après l'intervention du jugement d'ouverture, mais n'est pas utile à la procédure. Ces derniers sont des créanciers postérieurs déchus qui, comme les créanciers antérieurs, supportent la discipline collective. La période d'observation opère une sorte de saisie universelle du patrimoine du débiteur. Cette saisie collective explique les interdictions qui frappent les créanciers déchus : interdiction de payer, arrêt des poursuites individuelles, interdiction d'inscription ou de renouvellement des sûretés, arrêt du cours des intérêts. En outre, ces créanciers déchus se trouvent dans l'obligation de déclarer leurs créances à la procédure. Cette *déclaration de créance* permet de connaître le passif du débiteur. Elle est une demande en justice formulée par le créancier en vue de participer au règlement collectif du passif, en d'autres termes, cette déclaration permet aux créanciers déchus de « rentrer » dans la procédure. Les modalités de la déclaration sont strictement encadrées. L'article L. 622-24 précise que la déclaration est faite par le créancier ou par tout préposé, bénéficiant d'une délégation de pouvoir, ou mandataire de son choix, muni d'un pouvoir spécial, donné par écrit. La déclaration est adressée au mandataire judiciaire. Elle doit être écrite (lettre recommandée avec demande d'avis de réception), mentionner le montant de la créance, les modalités de calcul d'éventuels intérêts si la créance échappe à l'interdiction de l'arrêt du cours des intérêts. En présence de sûretés, ces dernières doivent également être déclarées sinon la créance est considérée comme chirographaire. Elle doit être accompagnée de toutes les pièces justificatives et si le montant n'est pas encore fixé, il doit être évalué. Les délais impartis à la déclaration des créances tiennent compte de la situation de chaque catégorie de créanciers. En ce qui concerne ceux dont la créance est née avant l'intervention du jugement d'ouverture, un délai préfix (pas de suspension, ni d'interruption du délai) de deux mois est imposé à compter de la publication de ce jugement au *BODACC*. En ce qui concerne les créanciers titulaires d'un contrat publié ou d'une sûreté publiée au jour du jugement d'ouverture, ils reçoivent un avertissement personnel du mandataire judiciaire et le délai de deux mois ne court qu'à partir de la notification personnelle de l'avertissement relatif à la déclaration. En ce qui concerne les créanciers dont le contrat est résilié en cours de procédure au lieu d'être continué, ils disposent d'un délai d'un mois à compter de la résiliation du contrat pour déclarer leur créance. En ce qui concerne les créances déchues postérieures au jugement d'ouverture, c'est-à-dire celles qui ne remplissent pas les conditions de l'article L. 622-17 du Code de commerce, elles doivent, en principe, être déclarées dans les deux mois de l'exigibilité de la créance.

Si le créancier ne déclare pas sa créance dans le délai de deux mois imparti par la loi, il est forclos et *sa créance est inopposable à la procédure de sauvegarde*. La créance non déclarée n'est donc plus éteinte. Il en résulte qu'après la clôture de la procédure, après l'exécution réussie du plan de sauvegarde, le créancier pourra envisager de reprendre ses poursuites si sa créance n'est pas prescrite. En cas d'ouverture d'une nouvelle procédure à l'encontre du débiteur en raison de la survenance de la cessation des paiements, le créancier forclos pourra déclarer sa créance à la nouvelle procédure. À l'égard de la caution, cette inopposabilité implique qu'elle peut être poursuivie en paiement de la dette du débiteur. Cependant, pour donner une image exacte de sa situation, il faut rappeler que les cautions personnes physiques, comme les garants autonomes et les coobligés, bénéficient dans le cadre de la sauvegarde de l'interdiction des poursuites pendant toute la période d'observation. Pour échapper à la sanction de l'inopposabilité, le créancier peut agir en relevé de forclusion dans un délai préfix de six mois à compter de la publication du jugement d'ouverture. Ce délai est porté à un an pour les créanciers qui sont dans l'impossibilité de connaître l'existence de leurs créances, par exemple en cas d'annulation ultérieure d'un contrat. Pour profiter de cet ultime délai, le créancier doit prouver soit que sa défaillance n'est pas de sa faute, soit qu'il a été volontairement omis de la liste des créanciers du débiteur lors de son établissement. S'il est relevé de forclusion le créancier peut déclarer tardivement sa créance et donc, si sa créance est admise, de participer aux distributions postérieures.

Le but de cette procédure est d'établir la consistance du passif du débiteur. Par conséquent, la loi prévoit une procédure d'admission des créances afin de vérifier leur existence. La procédure d'admission des créances se déroule en deux temps :

– d'abord, ***le mandataire judiciaire dresse la liste des créances déclarées*** et des propositions d'admission ou de rejet ou de renvoi devant la juridiction compétente dans le délai fixé par le tribunal. Il sollicite les observations du débiteur. Ainsi, la vérification des créances est réalisée par le mandataire judiciaire, le débiteur et éventuellement les contrôleurs désignés. L'article L. 622-27 du Code de commerce précise qu'en cas de discussion sur tout ou partie d'une créance, le mandataire doit avertir le créancier (LRAR). Ce dernier dispose de trente jours à partir de la réception de la lettre recommandée pour répondre. Ce délai écoulé, toute contestation ultérieure n'est plus recevable et la liste dressée par le mandataire s'impose ;

– ensuite, une fois réalisée cette vérification par le mandataire, ***la liste des créances*** ainsi établie ***est transmise au juge-commissaire***. Ce dernier, statuant sur chaque créance, décide de rejeter ou d'admettre les créances et fixe la liste définitive des créances admissibles. Les créances admises sont portées sur l'état des créances. La décision du juge-commissaire d'admission ou de rejet peut faire l'objet d'un appel par le mandataire, par le débiteur ou par le créancier dans un délai de dix jours à compter de la notification de la décision.

L'ensemble de ces dispositions affectent les droits des créanciers déchus afin de pouvoir déterminer avec certitude le patrimoine du débiteur et préparer un plan de sauvegarde sur des bases solides. Les créanciers élus, quant à eux, bénéficient d'un statut privilégié car leur participation est essentielle à la survie de l'entreprise et au financement de la période d'observation.

• LES CRÉANCIERS ÉLUS

Ce sont ceux visés par l'article L. 622-17 du Code de commerce. La loi du 26 juillet 2005 innove en posant deux critères pour l'élection des créances au rang de créances privilégiées :

– le premier est classique, il s'agit du ***critère chronologique*** : sont admis dans le club fermé des créanciers de la procédure ceux dont la créance est née régulièrement (dans le respect des pouvoirs octroyés au débiteur et aux organes de la procédure) après le jugement d'ouverture de la procédure ;

– le second est novateur, il s'agit du ***critère téléologique*** : sont élus créanciers ceux dont la créance répond aux besoins du déroulement de la procédure, de la période d'observation ou en contrepartie d'une prestation fournie au débiteur, pour son activité professionnelle. Le passif de la procédure est ainsi strictement limité, ce qui devrait favoriser le redressement de l'entreprise.

Les créanciers élus bénéficient d'un véritable privilège. En premier lieu, ils sont payés à l'échéance alors que les créanciers déchus ne sont payés, si possible, qu'à la fin de la procédure. S'ils ne sont pas payés à l'échéance, ils bénéficient d'un rang favorable dans les répartitions réalisées par les organes de la procédure à condition que leur créance soit déclarée au mandataire judiciaire et à l'administrateur dans un délai d'un an à compter de la fin de la période d'observation. Le classement établi par l'article L. 622-17 tient compte de la priorité des créances salariales, des frais de justice, mais aussi du privilège de conciliation en cas de conciliation homologuée par le tribunal.

2) Sort des salariés

Il est particulier. La loi du 26 juillet 2005 innove, en raison de l'absence de cessation des paiements du débiteur, les licenciements éventuellement envisagés restent soumis aux dispositions du droit commun.

La déclaration et la vérification des créances salariales dépendent de dispositions spécifiques. Ce ne sont pas les salariés qui doivent déclarer leurs créances. L'AGS, quand elle avance les sommes, devra être remboursée. La vérification des créances salariales doit être faite par le mandataire judiciaire avec la collaboration du débiteur. Les créances établies sont soumises, au fur et à mesure, au représentant des salariés. En cas de difficultés, ce dernier peut s'adresser à l'administrateur ou au juge-commissaire (art. L. 625-2, C. com.). Les relevés de créances ainsi vérifiés sont soumis au visa du juge-commissaire.

Si les partenaires de l'entreprise sont les acteurs de son redressement, le débiteur reste, dans la procédure de sauvegarde, l'homme qui détient la clef de la réussite d'une procédure qui est toute entière tournée vers la prévention.

c) Sort du débiteur

Le sort du débiteur est particulièrement important pour deux raisons. La première est liée aux conditions d'ouverture de la procédure : *c'est lui qui détient l'initiative de l'ouverture de la sauvegarde*, par conséquent, il ne faut pas le dissuader de jouer le jeu de la prévention. La seconde est que le débiteur étant par définition *in bonis*; *il reste le principal acteur*, avec les partenaires de l'entreprise, du redressement de l'entreprise. Pourtant, et c'est là *un paradoxe de la loi de sauvegarde*, une fois la procédure ouverte, son caractère judiciaire, la nomination des organes de la procédure et les pouvoirs qui leur sont reconnus risquent de déposséder le débiteur de l'entreprise qu'il entend sauver. Le principe de la poursuite de l'activité de l'entreprise pendant la période d'observation suppose l'organisation de la gestion de cette dernière. Or, si la gestion de l'entreprise est toujours sous son contrôle, le débiteur est plus ou moins entravé dans l'exercice de ses pouvoirs.

En toute logique, en présence d'un débiteur *in bonis*, l'article L. 622-1 pose le principe de son maintien comme gestionnaire. Il est en effet le mieux placé pour connaître les points forts pour assurer la réussite de la sauvegarde. Cependant, la nomination d'un administrateur est prévue par la loi. Elle s'impose pour les entreprises de grande taille. Par conséquent, le plus souvent la nomination d'un administrateur ne sera pas obligatoire. Or la situation du débiteur est différente en présence d'un administrateur ou pas. Les dispositions applicables à la sauvegarde étant largement inspirées de celles du redressement judiciaire, le débiteur risque d'être happé par la procédure qu'il a lui-même sollicitée. En effet, en présence d'un administrateur, même en l'absence de dessaisissement de principe, le débiteur se voit amputé d'une grande part de son autonomie dans la gestion de son affaire alors qu'il n'est pas en cessation des paiements.

1) En l'absence de l'administrateur

Le débiteur reste maître de son affaire. Cependant, placé sous protection de la justice, il est tout de même soumis au contrôle des organes de la procédure. Ce contrôle est prégnant en ce qui concerne la continuation des contrats en cours. Le débiteur exerce alors la faculté réservée à l'administrateur de décider de continuer ou non les contrats en cours, mais après avis conforme du mandataire judiciaire. En cas de désaccord entre le débiteur et le mandataire judiciaire, c'est-à-dire en cas de difficulté, le pouvoir revient clairement au juge-commissaire. En l'absence d'administrateur, le débiteur est alors seul chargé de l'élaboration du plan. Cependant, il est éventuellement assisté d'un expert, ce qui peut être un avantage non négligeable. Les organes de la procédure dans le cadre du contrôle du débiteur ont donc de larges pouvoirs.

2) En présence de l'administrateur

Le débiteur en présence d'un administrateur doit alors partager ses pouvoirs avec ce dernier. L'affirmation peut surprendre car l'article L. 622-1 pose le principe du maintien du débiteur dans ses fonctions afin de ne pas l'effrayer et le convaincre que, s'il sollicite l'ouverture d'une sauvegarde, il ne risque pas d'être dépossédé de son affaire. L'article L. 622-3, al. 1 précise à ce sujet que « *le débiteur continue à exercer sur son patrimoine les actes de dispositions et d'administration, ainsi que les droits et actions qui ne sont pas compris dans la mission de l'administrateur* ». En application de cet article, les actes de gestion courante effectués par le débiteur seul sont réputés valables à l'égard des tiers. Pourtant, la réalité est plus complexe. Certes, le principe reste celui de *l'absence de dessaisissement du débiteur*. Toutefois, ce principe laisse la place à deux missions confiées à l'administrateur sur décision du tribunal : ***surveillance ou assistance du débiteur***. Or, si la surveillance du débiteur par l'administrateur s'inscrit sans réserve dans la logique de la sauvegarde, il n'en va pas de même pour l'assistance. La mission de surveillance implique un contrôle *a posteriori* de la gestion du débiteur. Ce dernier doit rendre compte de sa gestion et informer l'administrateur des opérations qu'il réalise. L'assistance est une mission plus perturbatrice des pouvoirs du débiteur. Dans ce cas, une partie non négligeable des actes de gestion n'est valable que si ces actes sont signés par l'administrateur et par le débiteur. Les actes conservatoires restent valables s'ils sont engagés par le seul débiteur. Si un acte qui aurait dû être contresigné par l'administrateur est passé par le seul débiteur, il est réputé inopposable à la procédure. Quoi qu'il en soit, la prudence conduit les tiers à exiger presque systématiquement la signature de l'administrateur. En pratique, la mission d'assistance confiée à l'administrateur confisque une partie des pouvoirs du débiteur.

Outre la mission de l'administrateur qui dessine en creux les pouvoirs restant au débiteur, certains actes sont confiés à l'administrateur quelle que soit l'étendue de sa mission. Les ***pouvoirs propres de l'administrateur*** sont expressément prévus par la loi. L'article L. 622-4 du Code de commerce précise que l'administrateur requiert le chef d'entreprise ou accomplit lui-même les actes conservatoires des droits de l'entreprise contre les débiteurs de cette dernière et l'inscription des sûretés négligées par le débiteur. La loi lui confie à titre exclusif la responsabilité de la poursuite ou non des contrats en cours. Il a en outre la responsabilité de résilier le bail de l'immeuble affecté à l'activité de l'entreprise. Enfin, si le débiteur est interdit bancaire, l'administrateur peut faire fonctionner ses comptes bancaires et postaux sous sa signature. Le non-respect des pouvoirs propres confiés à l'administrateur entraîne la nullité des actes.

La présence d'un administrateur entame l'étendue des pouvoirs du débiteur. Il doit coopérer avec ce dernier. Une fois la procédure de sauvegarde engagée, le traitement judiciaire des difficultés entraîne nécessairement une relative dépossession du débiteur qui doit composer avec les organes de la procédure. Cette concession est la contrepartie de l'étendue de la protection offerte au débiteur *in bonis* qui bénéficie de dispositions autrefois réservées au débiteur en cessation des paiements.

L'ouverture de la période d'observation offre un havre de paix au débiteur *in bonis*. Cette période doit lui permettre d'élaborer en toute quiétude un plan de sauvegarde. La lettre du texte de la loi, en présence d'un administrateur, confie cette tâche à l'administrateur. La logique de la procédure de sauvegarde suggère que le débiteur devrait être associé à l'élaboration du plan de sauvegarde.

Élaboration du plan de sauvegarde

L'élaboration d'un plan de sauvegarde crédible impose, d'une part, l'évaluation des potentialités de l'entreprise et, d'autre part, l'accord des créanciers (au moins des créanciers les plus importants). Cette double nécessité se retrouve dans les dispositions de la loi.

a) Évaluation des potentialités du débiteur

Cette évaluation est prévue par différentes dispositions de la loi du 26 juillet 2005 afin de permettre de jauger les facultés de « *survie d'une unité économique porteuse d'emploi* ». Apprécier les potentialités du débiteur implique, en premier lieu, d'évaluer le patrimoine du débiteur et en second lieu, de dresser un bilan économique, social et environnemental.

1) Évaluation du patrimoine du débiteur

Une telle évaluation implique une double démarche. D'abord, il convient de déterminer le contenu de ce patrimoine et ensuite, il convient de reconstituer ce patrimoine afin d'offrir au débiteur les moyens de son redressement.

– élaborer un plan de sauvegarde implique une bonne ***connaissance de l'état du patrimoine du débiteur***. Il faut donc dresser un ***inventaire*** dès l'ouverture de la procédure. Il vise tout le patrimoine du débiteur, y compris les garanties qui le grèvent. En outre, les biens susceptibles d'être revendiqués doivent être signalés par le débiteur. Dressé par un professionnel, l'inventaire est contradictoire puisqu'il est réalisé en présence du débiteur. Si le débiteur exerce une profession libérale, le représentant de l'ordre professionnel doit également être présent et le secret professionnel doit être respecté. L'inventaire est dressé avec la collaboration du débiteur qui doit remettre à l'administrateur ou au mandataire la liste des créanciers et celles des principaux contrats en cours. Cet acte est particulièrement utile à la connaissance du patrimoine du débiteur. Il permet d'identifier les créanciers titulaires de sûretés qui sont personnellement avertis par l'administrateur de leur obligation de déclarer leur créance. Cependant, cette évaluation du passif est une information utile dans le cadre de l'élaboration du plan, mais elle n'est pas liée au sort du débiteur. Elle peut être seulement approximative et peut être poursuivie après la fin de la période d'observation ;

– la connaissance du patrimoine du débiteur suppose également que soient ***connus les droits de propriété d'autrui existant sur les biens détenus par le débiteur***. Les propriétaires sont en mesure de revendiquer leurs biens car la *revendication* est possible dans le cadre de la sauvegarde. Cependant, elle risque d'aggraver la situation du débiteur pourtant *in bonis*. L'article L. 624-9 ouvre le droit de revendication à tout propriétaire de biens meubles corporels ou incorporels dans les trois mois du jugement d'ouverture (délai préfix), les articles suivants décrivent le domaine (principe, exceptions) et le régime de l'action en revendication. Les actions en *restitution* visent également la reprise matérielle d'un bien par le propriétaire d'un meuble confié au débiteur et dont le contrat portant sur ce bien a été publié. Une juste appréciation du patrimoine du débiteur s'accompagne également de mesures conservatoires pour préserver sa consistance.

Un simple état des lieux est insuffisant, donner une chance de succès au plan de sauvegarde suppose la *reconstitution de l'actif* du débiteur. Elle est mesurée dans le cadre de la sauvegarde sollicitée par un débiteur *in bonis*. Il n'est pas question de sanctionner ce dernier. En toute logique, à la différence du redressement judiciaire, il n'y a pas de période suspecte. Dans la procédure de sauvegarde, le débiteur *in bonis* qui a sollicité l'ouverture de la procédure n'est pas supposé avoir appauvri l'entreprise par des actes critiquables. Pourtant, l'article L. 622-20 du Code de commerce précise que le mandataire judiciaire exerce seul au nom de l'intérêt collectif des créanciers les actions variées et diverses, y compris les actions en responsabilité (sous réserve des dispositions particulières désormais applicables aux établissements de crédit en matière de soutien abusif, art. L. 650-1, C. com.), qui visent le recouvrement des sommes dues au débiteur. En cas de carence du mandataire, la loi innove en confiant un pouvoir subsidiaire à tout contrôleur pour agir au lieu et place du mandataire judiciaire après une mise en demeure (LRAR) envoyée à ce dernier et restée infructueuse pendant deux mois. L'affectation des sommes ainsi récoltées montre l'intérêt indirect de la démarche pour l'élaboration du plan. Ces sommes entrent dans le patrimoine du débiteur et sont affectées à l'apurement du passif.

Toutes ces mesures concernent le patrimoine du débiteur, elles ne visent pas directement à l'élaboration du plan de sauvegarde bien qu'elles y participent indirectement en permettant une évaluation de la situation du débiteur. En revanche, l'établissement d'un bilan de la situation du débiteur est le préalable indispensable pour que l'administrateur dispose de toutes les informations nécessaires à la préparation du plan de sauvegarde.

2) Bilan économique, social et environnemental

L'élaboration du ***bilan économique et social*** est prévue par l'article L. 623-1 du Code de commerce. Ce bilan est dressé par l'administrateur, avec le concours du débiteur et l'assistance éventuelle d'un expert. Il permet d'avoir une meilleure vision d'ensemble de la situation de l'entreprise et de dépasser une simple analyse patrimoniale. Il est d'autant plus important qu'il intervient à un moment de la procédure où l'évaluation du passif n'est pas définitive et reste très approximative. Il doit préciser l'importance et la nature des difficultés de l'entreprise, c'est-à-dire qu'il participe à l'appréciation des causes de défaillances de cette dernière. Or, cette analyse est indispensable pour que le plan y apporte des réponses. Pour précieux qu'il soit, l'établissement de ce bilan semble facultatif car, dans les procédures sans administrateur, l'article L. 627-3 n'impose au débiteur que la préparation du plan. Il est vrai qu'il devrait connaître l'exacte situation de l'entreprise. Pourtant, l'article R. 623-1 précise que le bilan peut être déposé soit par l'administrateur, soit par le débiteur. Il ouvre donc la possibilité d'établir un bilan économique et social sous la responsabilité du débiteur en l'absence d'administrateur. Pour établir un diagnostic fiable, l'administrateur a besoin de collecter des renseignements. L'article L. 623-3 énumère les sources d'information dont il dispose. En premier lieu, il consulte le débiteur qui lui communique les informations nécessaires, il collabore avec ce dernier dans la mesure où il recueille ses observations et propositions. Il reçoit des informations du mandataire judiciaire. Il peut entendre les personnes « *susceptibles de l'informer sur la situation et les perspectives de redressement de l'entreprise* ». L'administrateur consulte et informe les représentants du personnel. Si le débiteur exerce une profession libérale, il est prévu l'intervention de l'ordre professionnel ou de l'autorité compétente. Le ***bilan environnemental*** concerne les entreprises exploitant des installations classées éventuellement dangereuses pour l'environnement.

L'élaboration du projet de plan n'est pas possible, en dépit de toutes les informations recueillies, si les créanciers ne sont pas associés à la recherche d'une solution de sauvegarde.

b) Implication des créanciers

La consultation des créanciers est de principe, mais la loi de sauvegarde innove en créant les ***comités de créanciers***. Cependant, leur présence n'est pas obligatoire pour les débiteurs dont les comptes n'ont pas été certifiés par un commissaire aux comptes ou établis par un expert-comptable et dont le nombre de salariés est inférieur à 150 à la date de la demande d'ouverture de la procédure et dont le chiffre d'affaires est inférieur à 20 millions d'euros à la date de la clôture du dernier exercice comptable. Ainsi, pour une grande majorité des débiteurs, il n'y aura pas de comités de créanciers ou ces derniers seront institués sur l'autorisation du juge-commissaire.

– *En l'absence de comités de créanciers*, l'article L. 626-5 du Code de commerce prévoit que l'administrateur (en son absence le débiteur), sous la surveillance du juge-commissaire, fait des propositions de règlement du passif grâce à des délais de paiement et des remises de dettes nécessaires à la réalisation du plan de sauvegarde. Ces propositions sont communiquées par l'administrateur au mandataire judiciaire, aux contrôleurs et aux représentants du personnel. La consultation est le plus souvent faite par écrit et individuellement bien qu'elle puisse être collective. En cas de silence des créanciers passé le délai de trente jours après la réception de la lettre recommandée, les propositions sont réputées acceptées. L'article L. 626-7 précise que le mandataire judiciaire dresse l'état des réponses faites par les créanciers. La loi de sauvegarde, respectant la philosophie de la procédure, associe plus étroitement le débiteur à l'élaboration du plan, prévoit que cet état des réponses est communiqué au débiteur, à l'administrateur et aux contrôleurs. Si le plan est arrêté par le tribunal, les délais et remises s'imposeront. Ces dispositions s'appliquent à titre subsidiaire lorsque des créanciers sont consultés en dehors des comités de créanciers, en cas d'échec de la consultation des comités de créanciers sur le projet de plan, si le tribunal refuse un plan qui ne respecterait pas suffisamment les intérêts des créanciers.

– *En présence de comités de créanciers*, les règles changent et la procédure se fait plus lourde. L'article L. 626-30 du Code de commerce prévoit la création de deux comités de créanciers. Un premier comité regroupe les établissements de crédit et un autre les principaux fournisseurs de biens ou de services. L'administrateur judiciaire dispose d'un délai de 30 jours à compter du jugement d'ouverture pour réunir les deux comités. Ce délai a été jugé particulièrement bref, il est une durée minimum à respecter. L'administrateur avise les établissements de crédit qu'ils sont membres du comité dans le délai de 30 jours après le jugement d'ouverture. Les établissements de crédit sont membres de droit, l'administrateur ne doit pas oublier d'en appeler un. En cas contraire, il engagerait sa responsabilité. En outre, l'établissement pourrait faire tierce opposition au jugement d'arrêté du plan, si celui-ci lui fait grief en raison de son absence du comité. Les fournisseurs membres de plein droit du comité des principaux fournisseurs sont ceux dont le montant des créances représente plus de 5 % du total des créances des fournisseurs. Pour pouvoir réaliser le recensement de ces créanciers, le débiteur remet sans délai à l'administrateur la liste des créances de ses fournisseurs et le montant de chacune d'elles certifié par son commissaire aux comptes ou établi par son expert-comptable. Ce travail doit être fait rapidement après le jugement d'ouverture. La faculté est offerte à l'administrateur de solliciter les autres fournisseurs pour faire partie du comité. Cette possibilité permet de tenir compte de l'égalité des créanciers et d'éviter la situation de monopole du seul fournisseur remplissant les conditions légales et membre de plein droit. Les créanciers publics et les salariés ne font pas partie des comités.

L'article L. 626-30 al. 2 met en avant le débiteur. Ce dernier, resté à la tête de son entreprise, présente aux comités des propositions en vue d'élaborer le projet de plan. Il dispose d'un délai de deux mois à compter de la constitution des comités pour présenter des propositions. Ce délai peut être renouvelé une fois par le juge-commissaire, à la demande du débiteur ou de l'administrateur. La référence faite à l'article L. 626-2 du Code de commerce permet de mieux comprendre l'ampleur des propositions faite en vue d'élaborer le projet de plan. Les comités ne devraient pas se contenter de « *prévoir de simples délais de paiements ou des remises de dettes* ». Le projet de plan soumis aux comités doit pouvoir prévoir des nouveaux crédits, avances ou apports, des conversions de créances Les comités se prononcent après discussion avec le débiteur et l'administrateur judiciaire. Si leur participation est essentielle, il convient de souligner, d'une part, que le débiteur, compte tenu des délais, leur soumet un projet de plan déjà bien avancé et que, d'autre part, les créanciers ne tiennent pas le destin de l'entreprise entre leurs mains. En effet, il est prévu qu'en cas d'échec de la consultation avec les comités, en cas de refus d'arrêter le plan par le tribunal, la procédure est reprise en application du droit commun. La loi précise les modalités de votes au sein des comités de créanciers. Deux règles sont associées : l'une reposant sur la majorité, l'autre tenant compte du poids des créances de chaque créancier. Le vote est enfermé dans un délai strict de 30 jours après la transmission des propositions par le débiteur. À l'issue du vote des comités de créanciers, deux hypothèses sont envisageables : d'une part, l'adoption du projet de plan par les deux comités, d'autre part, le rejet du plan par au moins l'un des deux comités de créanciers. Un vote favorable permet au tribunal d'arrêter le plan. Un vote défavorable impose de reprendre la procédure en application des règles prévues en l'absence de comités de créanciers.

Les créanciers publics voient leur sort se rapprocher de celui des créanciers ordinaires dans le cadre de la loi de sauvegarde. Les créanciers publics peuvent remettre tout ou partie des dettes du débiteur à deux conditions. La première est que les autres créanciers, privés, consentent, eux aussi, des remises de dettes et des délais. L'article L. 626-6 énonce qu'ils peuvent accepter, concomitamment à l'effort consenti par d'autres créanciers. La seconde est liée au respect du droit de la concurrence. Les créanciers publics peuvent accorder des remises de dettes dans des conditions normales du marché et comme un opérateur économique privé dans la même situation. L'objectif affiché est de respecter le droit communautaire de la concurrence et plus spécialement l'encadrement communautaire des aides d'État.

Quant aux ***salariés***, l'article L. 626-20 précise que leurs créances ne peuvent pas faire l'objet de remises ou de délais. L'objectif des comités de créanciers étant la négociation, il n'est pas pertinent de prévoir un comité de créanciers. Ces derniers sont informés et consultés sur le rapport présentant le bilan économique et social et sur le projet de plan. En outre, ces documents sont adressés à l'autorité administrative compétente en matière de droit du travail. Enfin, l'administrateur invite le mandataire judiciaire et les représentants du comité d'entreprise ou, à défaut, des délégués du personnel, à présenter leurs observations à chacun des comités avant que ceux-ci ne se prononcent sur le projet de plan.

Le projet de plan élaboré, il est soumis au tribunal qui peut arrêter le plan.

2 Plan de sauvegarde

Plus encore que par le passé, le plan est un acte contractuel dans sa préparation, mais le jugement qui l'arrête est une décision à caractère juridictionnel. L'adoption du plan de sauvegarde est le préalable à son exécution.

Adoption du plan de sauvegarde

Le tribunal statue après avoir entendu le débiteur, l'administrateur, le mandataire judiciaire, les contrôleurs, les représentants du personnel et après avis du Ministère public. Les débats doivent même avoir lieu en sa présence lorsque le débiteur emploie plus de vingt salariés au moment de l'ouverture de la procédure et lorsque son chiffre d'affaires hors taxes est supérieur à 3 000 000 d'euros à la date de la clôture du dernier exercice comptable. Le tribunal statue avant la fin de la période d'observation, le jugement arrêtant le plan met fin à la période d'observation. Les voies de recours contre la décision arrêtant ou rejetant le plan restent strictement encadrées. Le tribunal arrête le plan lorsqu'il existe une sérieuse possibilité de sauvegarde de l'entreprise. La décision peut être frappée d'appel ou de pourvoi en cassation par le débiteur, l'administrateur, le mandataire judiciaire, les représentants du personnel. Le plan arrêté par le tribunal reprend les dispositions figurant dans le projet. Pour l'essentiel, conformément aux objectifs fixés par l'article L. 620-1, il assure la réorganisation de l'entreprise d'une part (a) et l'apurement du passif d'autre part (b).

a) Réorganisation de l'entreprise

Cette réorganisation comporte plusieurs aspects. Elle vise l'activité de l'entreprise, mais comporte également un volet social. Enfin, certaines dispositions propres aux entreprises exploitées en forme de société peuvent surprendre dans le cadre d'une procédure diligentée par le débiteur *in bonis*.

1) Réorganisation de l'activité de l'entreprise

Pour ce qui est de l'activité de l'entreprise, le plan peut prévoir la suppression, la cession ou encore l'adjonction de certaines branches d'activité :

– ***l'adjonction d'activité*** est rarement envisageable, cependant, le débiteur est encore *in bonis,* elle est donc possible ;

– ***la cession d'une branche d'activités*** est souvent souhaitable pour permettre à l'entreprise de se recentrer sur ses activités les plus rentables. Cette cession ne peut être que partielle et volontaire en raison de l'implication du débiteur dans un plan de sauvegarde. Dans la sauvegarde, l'entreprise n'est pas à vendre. La cession ne peut pas être une cession forcée. Dans ce cas, les offres d'acquisitions présentées par les tiers doivent être recensées, annexées et analysées dans le projet de plan afin que le tribunal statue en toute connaissance de cause. Une telle cession impose une délicate articulation des textes car elle dépend des dispositions figurant dans la procédure de liquidation judiciaire ;

– ***l'arrêt d'une branche d'activité*** est plus plausible, elle s'accompagne souvent de mesures de licenciements. Ces derniers s'inscrivent dans la réorganisation de l'entreprise ; l'article L. 626-2 précise que le plan « *expose et justifie le niveau et les perspectives de l'emploi* ». Le débiteur étant *in bonis*, contrairement au redressement judiciaire, le droit commun des licenciements économiques s'applique. Toutefois le plan doit préciser la nécessité de licenciements. Cependant, les difficultés rencontrées par l'entreprise impliquent une protection particulière des salariés. L'intervention de l'AGS est donc prévue, mais elle est soumise à condition. Son domaine d'intervention est restreint : la garantie de l'AGS couvre les sommes dues aux salariés pour la seule rupture du contrat de travail intervenant pendant la période d'observation ou dans le mois qui suit l'adoption du plan, ce délai doit donc être respecté. La garantie ne joue qu'à titre subsidiaire, si le mandataire judiciaire démontre qu'il ne dispose pas des fonds indispensables. Elle peut contester la demande du mandataire. Au demeurant, l'absence de fonds laisse craindre la survenance de la cessation des paiements et l'échec du plan. En principe, si tout se passe bien, l'AGS ne devrait pas être sollicitée dans la sauvegarde. L'AGS est subrogée dans les droits des salariés, ce qui est un régime favorable pour le remboursement des avances faites. Une telle solution s'inscrit dans la logique de difficultés passagères du débiteur.

Pour garantir la réussite de la réorganisation de l'entreprise, l'article L. 626-14, le tribunal en arrêtant le plan peut décider l'inaliénabilité, limitée à la durée du plan, de certains biens appartenant au débiteur et indispensables à la continuation de l'entreprise. Cette décision s'accompagne de publicité d'autant plus nécessaire que l'inaliénabilité entraîne l'insaisissabilité des biens. Toute cession de ces biens est frappée de nullité absolue. Toujours pour la réussite de la réorganisation de l'entreprise, la loi prévoit que le plan désigne les personnes ayant pris des engagements rappelant qu'elles sont tenues de s'exécuter pour l'exécution du plan. Ces engagements peuvent concerner le débiteur, mais également les créanciers, ils concernent alors l'apurement du passif. Si l'entreprise est exploitée sous une forme sociétaire, ces engagements peuvent concerner la restructuration de la personne morale.

2) Mesures propres aux personnes morales

Ces dernières peuvent sembler sévères dans une procédure volontariste diligentée par un débiteur *in bonis*. Si le débiteur est une personne morale, des mesures de réorganisation peuvent être imposées par le plan. Elles vont de la modification du capital jusqu'à l'éviction des dirigeants.

Toute modification du capital ou reconstitution des fonds propres implique la convocation d'une assemblée générale. L'adaptation des dispositions légales à la situation du débiteur, non dessaisi car *in bonis*, est réalisée. Le nouvel article L. 626-3 ne précise plus que l'administrateur demande au conseil d'administration, au directoire ou aux gérants de convoquer l'assemblée générale pour modifier le capital, cette tâche devrait revenir au dirigeant. Pas plus que par le passé, la loi ne précise les modalités de l'augmentation du capital. Toutes les possibilités sont donc envisageables. Si nécessaire, pour éviter la dissolution de la société en cas de perte de la plus de la moitié du capital, l'article L 626-3 prévoit la convocation de l'assemblée pour reconstituer le capital. Cette mesure n'est pas nécessairement inscrite dans le plan, mais en principe, la décision favorable de l'assemblée doit intervenir au plus tard lorsque le plan est arrêté. Une telle solution est particulièrement logique dans le cadre de la sauvegarde. À défaut de reconstitution du capital, il est peu probable que le tribunal estime le plan suffisamment sérieux pour être arrêté. À ce titre, elle est une condition préalable à l'adoption du plan.

Les dispositions relatives à la possible éviction des dirigeants sont plus surprenantes dans le cadre d'une sauvegarde qui veut être une procédure volontaire. L'article L. 626-4 énonce que « *lorsque la sauvegarde le requiert, le tribunal peut, à la demande du Ministère public, subordonner l'adoption du plan au remplacement d'un ou plusieurs dirigeants* ». Cette possible éviction est cependant encadrée. Le Ministère public saisit le tribunal par requête. Il doit indiquer les faits qui motivent sa demande de remplacement. En principe, le but est d'éliminer des dirigeants malhonnêtes ou incompétents. L'hypothèse devrait être d'autant plus rare que, dans le cadre d'un plan de redressement, la jurisprudence a estimé que même si le comportement d'un dirigeant n'était pas irréprochable, son activité importante et utile en faveur du redressement de l'entreprise doit être prise en compte. Le remplacement des dirigeants devra rester exceptionnel dans le cadre d'une sauvegarde. Les dirigeants concernés doivent être convoqués par le tribunal avant l'audience. En outre, la décision d'éviction du dirigeant n'est pas celle du tribunal mais celle de la collectivité des associés ou actionnaires. Aucune disposition ne donne pouvoir au tribunal de nommer un dirigeant de remplacement. Les organes sociaux évincent en application de l'article R. 626-5 du Code de commerce, réciproquement, ils devraient nommer le remplaçant. La coopération entre l'assemblée et les organes de la procédure est donc indispensable car, en cas de blocage, le plan ne pourra pas être adopté. Lorsque le débiteur exerce une activité professionnelle libérale soumise à statut législatif ou réglementaire, le remplacement des dirigeants n'est pas envisagé.

L'éviction des dirigeants n'est pas la seule mesure manquant de cohérence avec la logique volontariste de la sauvegarde. Le même article L. 626-4 précise que le tribunal peut décider que le droit de vote qui est attaché aux parts sociales ou actions sera exercé, pour une durée fixée par le tribunal, par un mandataire de justice désigné à cet effet. Le mandataire en question peut être l'administrateur, ce dernier pourra donc contrôler les assemblées. Les deux mesures de restriction du droit de vote et d'incessibilité sont indissociables dans le texte de loi. Les conditions de mise en œuvre de l'incessibilité sont identiques à celles du remplacement des dirigeants. La loi ne précise pas la durée de l'incessibilité. En toute logique, elle ne devrait pas excéder la durée de l'exécution du plan ou la période de remboursement des créanciers. L'exception prévue pour les professions libérales ne se retrouve plus, une nouvelle inquiétude pointe, faut-il ou non l'étendre à l'incessibilité des parts et à l'éviction d'exercice du droit de vote ? Pire encore, l'article L. 626-4 envisage la cession forcée des parts ou actions détenues par les dirigeants. Les conséquences pratiques de cette cession forcée sont graves dans la mesure où si, et c'est le but poursuivi, il y a transfert du contrôle de la personne morale, c'est en réalité l'entreprise qui est transférée. Dans le plan de sauvegarde, comme dans le plan de redressement l'expropriation pour cause entrepreneuriale est donc maintenue. Elle revient à opérer une cession forcée pourtant en principe interdire dans le cadre de la procédure de sauvegarde. Envisager dans la sauvegarde une telle mesure d'expropriation pour intérêts privés est pour le moins incohérent et suscite des critiques.

Le plan de sauvegarde est donc plus attrayant pour un débiteur personne physique. Outre le fait qu'il ne puisse pas être évincé par les dispositions du plan, il ne peut pas subir de vente forcée de son entreprise.

b) Apurement du passif

Il constitue la partie financière du plan. Ce dernier rend obligatoires les modalités de règlement du passif prévues par le projet de plan : les remises acceptées, les délais accordés par les créanciers. Quoi qu'il en soit, ces délais ne peuvent pas dépasser la durée de plan, c'est-à-dire au maximum dix ans. Les modalités d'apurement du passif sont le reflet d'une négociation avec les créanciers. Ces derniers votent pour entériner ou pas les propositions figurant dans le plan. En présence de comités de créanciers ayant accepté le projet de plan, le tribunal n'arrête le plan qu'après avoir vérifié que les intérêts de tous les créanciers sont suffisamment protégés. En cas d'échec, un retour à la procédure classique de consultation hors comités de créanciers est envisagé. Les créanciers qui n'ont pas accepté les délais et remises peuvent se voir imposer des délais uniformes de paiement, sous réserve, en ce qui concerne les créances à terme, des délais supérieurs stipulés par les parties avant l'ouverture de la procédure qui peuvent excéder la durée du plan). Le tribunal peut réduire les efforts consentis par les créanciers, mais ne peut pas les aggraver. Les créances sont inscrites au plan, ce dernier doit prévoir leur règlement dès lors qu'elles sont déclarées (peu importe qu'elles soient contestées). Cependant, l'article L. 626-21 énonce que « *l'inscription d'une créance au plan et l'octroi de remises ou de délais ne préjugent pas l'admission définitive de la créance au passif de la procédure* ». Ces mesures concernent donc les créances « déchues » (nées avant le jugement d'ouverture ou ne bénéficiant du privilège de procédure). Toutefois, certaines créances échappent aux contraintes du plan : les créances salariales, les créances les plus faibles, les créances privilégiées. Le contrat de crédit-bail bénéficie d'un régime particulier posé par l'article L. 626-18.

Pour rendre attractive la sauvegarde et encourager le débiteur (dirigeants garants du débiteur personne morale) à jouer le jeu de la prévention judiciaire, l'article L. 626-11 prévoit dans son alinéa 2 que « *À l'exception des personnes morales, les coobligés et les personnes ayant consenti un cautionnement ou une garantie autonome peuvent* » se prévaloir des dispositions du plan de sauvegarde. Cet avantage n'existe pas dans le redressement judiciaire, il n'est pas négligeable car il met les dirigeants en position de profiter des remises et délais accordés par les créanciers dans le plan.

Exécution du plan de sauvegarde

La durée maximum du plan est en principe de dix ans (à l'exception des plans adoptés par les comités de créanciers). Trois hypothèses peuvent se rencontrer : l'exécution réussie du plan, la modification nécessaire du plan pour sa réussite et l'échec du plan. Ces trois cas constituent le devenir du plan. Dès l'adoption du plan, une nouvelle étape est franchie dans la procédure.

a) Effets du jugement arrêtant le plan

Le jugement arrêtant le plan rend ce dernier opposable à tous. Le jugement arrêtant le plan nomme l'administrateur ou mandataire judiciaire en qualité de commissaire chargé de veiller à l'exécution du plan. Le ***commissaire à l'exécution du plan*** est, dans les nouvelles dispositions, l'un des organes ayant participé à la procédure de sauvegarde. Les deux fonctions se succèdent l'une à l'autre et elles peuvent se chevaucher. Il doit veiller à l'exécution correcte du plan c'est-à-dire qu'il poursuit les actions introduites par l'administrateur ou le mandataire judiciaire avant le jugement arrêtant le plan, il engage les actions dans l'intérêt collectif des créanciers. Responsable de l'exécution du plan, les dividendes lui sont payés et il procède à leur répartition. Responsable, il rend compte de sa mission auprès du président du tribunal.

L'adoption du plan n'implique pas l'achèvement de la vérification des créances. Par conséquent, l'article L. 626-24 al. 2 prévoit que « *le mandataire judiciaire reste en fonction pendant le temps nécessaire à la vérification et à l'établissement définitif de l'état des créances* ».

Dès l'adoption du plan, le débiteur retrouve tous ses pouvoirs de gestion. Il reste soumis aux dispositions du plan : il ne peut pas payer les créanciers antérieurs en dehors des conditions adoptées par le plan et il ne peut pas céder des biens rendus inaliénables par le plan. Dans le cadre de la sauvegarde, le débiteur est toujours resté *in bonis*, l'adoption du plan ne fait que le confirmer. Il est le premier responsable de l'exécution du plan puisqu'il retrouve ses pouvoirs de gestion et que par principe l'activité de l'entreprise se poursuit dans les conditions fixées par le plan. Pour faciliter cette gestion, la loi prévoit que l'arrêt du plan entraîne la levée de plein droit de toute interdiction d'émettre des chèques.

La mise en œuvre du plan peut respecter les dispositions du plan, cependant, elle peut rencontrer des difficultés.

b) Devenir du plan

Le ***respect des engagements*** des plans est l'issue heureuse de la procédure de sauvegarde. Quand il est établi que les engagements énoncés dans le plan ou décidés par le tribunal sont tenus, celui-ci, à la requête du commissaire à l'exécution du plan, du débiteur ou de tout intéressé, constate que l'exécution du plan est achevée. Les créanciers forclos ont intérêt à faire constater la clôture de la procédure pour pouvoir reprendre les poursuites contre le débiteur, même s'ils ne sont pas parties au plan.

La saisine du tribunal intervient par requête. La décision est de nature gracieuse. L'article R. 626-50 prévoit que les décisions relatives à la procédure seront radiées des registres et répertoires. Le débiteur retrouve tout son crédit, il a sauvé son entreprise.

Cependant, l'exécution du plan est loin d'être toujours facile. Dans le meilleur des cas, il peut quand même réussir après modifications. Ces modifications peuvent être secondaires ou substantielles. L'article L. 626-26 du Code de commerce précise le régime des modifications substantielles. L'appréciation de la notion de modifications substantielles reste une difficulté, le texte n'apporte qu'une précision : elles concernent « *les objectifs ou les moyens du plan* ». Les solutions ne sont pas les mêmes en présence ou en l'absence de comités de créanciers. En présence de comités de créanciers, l'article L. 626-31, alinéa 2 impose le parallélisme des formes et donc une nouvelle consultation et un nouveau vote des comités de créanciers dans les mêmes conditions que lors de l'adoption du plan. En leur absence, l'article 626-26 du Code de commerce prévoit que toute modification substantielle du plan nécessite l'intervention du tribunal. La modification est faite à la demande du débiteur, par déclaration au greffe et sur le rapport du commissaire à l'exécution du plan. Le tribunal, avant de statuer, doit entendre le débiteur, le commissaire à l'exécution du plan, les contrôleurs, les représentants des salariés et toute personne intéressée. Ils sont convoqués par le greffier, en chambre du conseil, par une lettre recommandée avec accusé de réception. Il doit recueillir l'avis du Ministère public. La procédure est marquée par un souci de transparence. Le tribunal a une liberté d'appréciation. Il peut refuser la modification si elle compromet l'équilibre du plan. Le jugement qui modifie le plan fait corps avec le jugement de plan. Les voies de recours sont donc les mêmes. Le jugement modifiant le plan bénéficie des mêmes publicités que le jugement d'ouverture.

Pire, il faut envisager ***l'échec du plan***. L'article L. 626-27 envisage deux hypothèses d'échec :

– le premier consiste dans l'inexécution de ses engagements par le débiteur, dans les délais fixés par le plan ;

– le second vise le cas de la survenance de la cessation des paiements pendant l'exécution du plan.

Les conséquences tirées de chacun de ces échecs ne sont pas exactement les mêmes.

En cas d'inexécution de ses engagements par le débiteur dans les délais fixés par le plan. La résolution du plan reste une faculté offerte au tribunal. Le texte précise que le tribunal doit prendre l'avis du Ministère public. L'inexécution des engagements doit être d'une certaine gravité car dès lors que l'entreprise est viable, il faut préférer la modification du plan à sa résolution. Désormais, la résolution du plan pour inexécution de ses engagements par le débiteur n'entraîne plus automatiquement l'ouverture d'une nouvelle procédure de liquidation judiciaire. Cette dernière n'intervient que si le débiteur est en cessation des paiements. Le plan est anéanti pour l'avenir par le jugement prononçant sa résolution, il est mis fin aux opérations et les délais de paiement accordés disparaissent.

En cas de survenance de la cessation des paiements du débiteur en cours d'exécution du plan, le tribunal doit décider, après avis du Ministère public, la résolution du plan et prononce la liquidation judiciaire. Il est précisé que le tribunal prononce la liquidation judiciaire dans le même jugement que celui qui décide de la résolution du plan. Le débiteur ne se voit pas offrir une chance de redressement, au mieux un plan de cession sera arrêté permettant une reprise externe de l'entreprise. Enfin, l'article L. 626-27-III favorise les créanciers de la première procédure en les dispensant de déclarer leurs créances à la nouvelle procédure.

Redressement judiciaire

CHAPITRE 9

Le redressement judiciaire apparaît dans les textes comme une procédure de traitement des difficultés subsidiaire, la sauvegarde ayant en effet été conçue comme la procédure de référence. Aussi le législateur a-t-il utilisé et abusé de la technique du renvoi textuel pour établir le régime de cette procédure jusqu'alors emblématique. Cependant, certains particularismes inhérents à cette procédure curative demeurent qui se manifestent tant au stade de l'ouverture de la procédure qu'à celui de la période d'observation et enfin du plan de redressement.

1 Ouverture du redressement judiciaire

L'ouverture du redressement judiciaire est subordonnée à un certain nombre de conditions de fond et de forme plus larges que la sauvegarde afin d'atteindre un plus grand nombre de personnes.

Conditions de fond

L'ouverture d'une procédure de redressement judiciaire présente deux spécificités :

- l'une tenant à la qualité même du débiteur ;
- l'autre tenant à l'exigence de la cessation des paiements.

a) Qualité du débiteur

Le domaine d'application du redressement judiciaire est en principe calqué sur celui de la sauvegarde. Ainsi aux termes des articles L. 631-2 et L. 640-2 du Code de commerce, il s'applique « *à tout commerçant, à toute personne immatriculée au répertoire des métiers, à tout agriculteur, à toute autre personne physique exerçant une activité professionnelle indépendante y compris une profession libérale soumise à un statut législatif ou réglementaire ou dont le titre est protégé, ainsi qu'à toute personne morale de droit privé* », sous réserve de respecter l'adage « *faillite sur faillite ne vaut* ».

Cependant, à la différence de la procédure préventive, le redressement judiciaire, tout comme la liquidation judiciaire, peut concerner des débiteurs qui ne sont plus en activité, soit parce qu'ils ont décidé de cesser toute activité, soit parce qu'ils sont décédés à condition que la cessation des paiements soit constituée.

1) En cas de cessation volontaire d'activité

L'article L. 631-3 dispose que la procédure de redressement judiciaire est également applicable aux débiteurs qui ont cessé leur activité « *si tout ou partie de leur passif provient de cette dernière* ». En outre, à la suite de l'assignation d'un créancier, la procédure peut être ouverte dans le délai d'un an dont le point de départ est variable. La loi prévoit ainsi que :

– pour un commerçant, « *l'assignation doit intervenir dans le délai d'un an à compter de la radiation du registre du commerce et des sociétés* » ;

– pour une personne morale, « *le délai court à compter de la radiation consécutive à la publication de la clôture des opérations de liquidation* » ;

– et enfin, pour une personne immatriculée au répertoire des métiers, un agriculteur, une personne physique exerçant une activité professionnelle indépendante, y compris une profession libérale soumise à un statut législatif ou réglementaire ou dont le titre est protégé, le délai commence à courir à dater de la cessation de l'activité.

2) En cas de décès

Le débiteur, quel qu'il soit, commerçant, artisan, agriculteur ou professionnel indépendant, décédé en état de cessation des paiements peut faire l'objet d'une procédure de redressement judiciaire. Aux termes de l'article L. 631-2, « *le tribunal peut être saisi dans le délai d'un an à dater du décès, sur assignation d'un créancier ou sur requête du Ministère public. Le tribunal peut également se saisir d'office dans le délai* ». De la même façon, la loi permet également aux héritiers du débiteur de demander l'ouverture de la procédure et ce sans condition de délai.

b) Exigence de la cessation des paiements

Si l'absence de cessation des paiements est une condition d'ouverture de la sauvegarde, procédure collective préventive par essence, son existence est au contraire exigée pour l'ouverture du redressement judiciaire. Cette procédure est en effet applicable aux termes de l'article L. 631-1 « *à tout débiteur... qui, dans l'impossibilité de faire face au passif exigible avec son actif disponible, est en cessation des paiements* ». Le respect de cette exigence pose toutefois en pratique des difficultés de preuve et de détermination de la date exacte de la cessation des paiements.

1) Démonstration de la cessation des paiements

Prouver la cessation des paiements suppose de démontrer l'impossibilité pour le débiteur de faire face, avec son actif disponible, à son passif exigible ; autrement dit et plus simplement son impossibilité à payer ce qu'il doit. Une telle preuve peut être faite par tous moyens si l'arrêt des paiements concerne des créances commerciales et, en cas contraire, selon les règles du Code civil.

En pratique, la constatation de la cessation des paiements va résulter de la déclaration du débiteur qui sollicite l'ouverture d'un redressement judiciaire. En revanche, si le demandeur est un créancier, il s'appuiera, en général, sur des protêts, faute de paiement, des rejets de chèques pour défaut de provision ou encore sur des inscriptions de sûretés judiciaires. Enfin, le tribunal, quant à lui, disposera d'informations fournies par le greffe, les organismes sociaux, les services fiscaux ou encore par le comité d'entreprise ou, à défaut, les délégués du personnel.

En tout état de cause, l'appréciation de la cessation des paiements doit se faire au moment où la juridiction statue, la règle valant aussi bien en première instance qu'en appel. En outre et enfin, il appartiendra au tribunal qui constate la cessation des paiements du débiteur de motiver sa décision afin de permettre à la Cour de cassation d'exercer son contrôle.

2) Détermination de la date de cessation des paiements

Conformément à l'article L. 631-8 du code, « *le tribunal fixe la date de cessation des paiements* » dans le jugement d'ouverture. « *À défaut de détermination de cette date, la cessation des paiements est réputée être intervenue à la date du jugement qui la constate* ». Mais, dans toutes les hypothèses, la date de cessation des paiements n'est pas fixée de façon définitive. Le tribunal peut ainsi, au cours de la procédure, la modifier voire la reporter avant le jugement d'ouverture. Elle peut alors être reportée une ou plusieurs fois. Toutefois, deux limites sont prévues. D'une part, cette date ne saurait être antérieure de plus de 18 mois à celle du prononcé du jugement. Au nom de la sécurité juridique, il faut délimiter la période dite suspecte, allant de la date de cessation des paiements au jugement d'ouverture, au cours de laquelle certains actes ont pu être accomplis de façon frauduleuse ou anormale justifiant alors leur annulation. D'autre part, en cas d'accord de conciliation homologué intervenu antérieurement, et sauf cas de fraude, c'est la date de l'accord qui délimite le maximum au-delà duquel il n'est pas possible de remonter.

La demande de report peut émaner seulement de l'administrateur, du mandataire judiciaire ou de Ministère public et ce dans le délai d'un an après le jugement d'ouverture. Dans tous les cas, le tribunal ne se prononcera qu'après avoir entendu ou dûment appelé le débiteur.

Enfin, la décision de report doit être publiée au *BODACC* et les tiers, principalement les créanciers, disposent d'un délai de 10 jours pour former tierce opposition.

Conditions de forme

Pour l'essentiel, les conditions de forme de la procédure de redressement judiciaire sont identiques à celles de la procédure de sauvegarde, procédure de référence. Ainsi, par exemple, le tribunal compétent sera le même que ce soit pour la compétence d'attribution ou la compétence territoriale. Néanmoins, certaines règles supplémentaires demeurent propres au redressement judiciaire en raison de l'état de cessation des paiements du débiteur qui sont relatifs à la saisine du tribunal et au contenu du jugement d'ouverture.

a) Saisine du tribunal

À la différence de la procédure de sauvegarde purement volontariste, la procédure de redressement peut être ouverte certes à la suite de la déclaration du débiteur, mais aussi sur assignation d'un créancier, à la demande du Ministère public ou enfin sur saisine d'office du tribunal.

1) Déclaration du débiteur

Aux termes de l'article L. 631-4 du Code de commerce, « *l'ouverture de la procédure de redressement judiciaire doit être demandée par le débiteur au plus tard dans les quarante-cinq jours qui suivent la cessation des paiements, s'il n'a pas, dans ce délai, demandé l'ouverture d'une procédure de conciliation* ». La loi fixe ainsi un délai maximum pendant lequel le débiteur est tenu de déposer sa demande.

La demande d'ouverture doit alors être déposée au greffe du tribunal compétent par le débiteur personne physique ou par le représentant de la personne morale. Elle est accompagnée des comptes annuels du dernier exercice et d'un certain nombre de documents et de renseignements comme notamment l'indication du montant du passif exigible et de l'actif disponible, un extrait d'immatriculation au RCS, une situation de la trésorerie depuis moins d'un mois, un inventaire sommaire des biens du débiteur, l'indication du montant du chiffre d'affaires ou encore du nombre de salariés, etc. Destinés à informer le tribunal sur la situation de l'entreprise, tous ces documents doivent être datés, signés et certifiés sincères et véritables.

En tout état de cause, la déclaration de cessation des paiements présente un caractère obligatoire exposant, en son absence, le débiteur à diverses sanctions.

Tout d'abord, le débiteur pourra faire l'objet d'une condamnation à l'interdiction de gérer. Le prononcé d'une telle sanction reste toutefois facultatif.

En outre, et enfin, les dirigeants de la personne morale de droit privé pourraient être sanctionnés par une action en responsabilité pour insuffisance de l'actif social, s'ils ont tardé à déclarer l'état de cessation des paiements.

2) Assignation du créancier

L'article L. 631-5 du Code dispose que « *lorsqu'il n'y pas de procédure de conciliation en cours... la procédure peut être ouverte sur l'assignation d'un créancier, quelle que soit la nature de sa créance* ». Le législateur s'est contenté ici de reprendre une solution traditionnelle conforme à la philosophie originelle des procédures collectives tout en prenant en compte la nouvelle procédure de conciliation.

Délivrée au débiteur conformément au droit commun, l'assignation doit préciser la nature et le montant de la créance, civile ou commerciale, et contenir tout élément de preuve de nature à caractériser la cessation des paiements. Le défaut de paiement de la créance ne saurait suffire à établir l'état de cessation des paiements.

Une telle demande d'ouverture d'une procédure de redressement judiciaire est d'ailleurs, à peine d'irrecevabilité, qui doit être soulevée d'office, exclusive de toute autre demande. Une particularité est toutefois prévue pour les agriculteurs. Il est exigé que l'ouverture de la procédure de redressement judiciaire, à la suite d'une assignation d'un créancier, soit précédée d'une demande de règlement amiable.

3) Requête du Ministère public

La procédure de redressement judiciaire peut en effet être ouverte sur requête du Ministère public. Ce dernier doit présenter à la juridiction une requête indiquant les faits de nature à motiver sa demande. Pour apprécier l'état de cessation des paiements du débiteur, il dispose de nombreux moyens d'informations (réclamations de l'URSSAF, informations des salariés...). Le président du tribunal fait ensuite convoquer, par les soins du greffier, le débiteur par acte d'huissier de justice afin qu'il comparaisse dans le délai qu'il fixe. Une copie de la requête est alors jointe à la convocation.

Ce mode de saisine du tribunal traduit ainsi l'accroissement du rôle dévolu à celui-ci dans le droit des procédures collectives même s'il reste rarement utilisé en pratique. Le Ministère public préférera informer le tribunal pour qu'il se saisisse d'office le cas échéant.

4) Saisine d'office du tribunal

Conformément à l'article L. 631-5 du Code, le tribunal peut également se saisir d'office de l'ouverture de la procédure « *lorsqu'il n'y a pas de procédure de conciliation en cours* ». Il s'agit là d'une des dernières facultés d'auto-saisine du tribunal qui a survécu à la loi du 26 juillet 2005. Pour ce faire, la juridiction a à sa disposition de nombreux moyens ou réseaux d'information (alerte des salariés...). En tout état de cause, au nom du respect du contradictoire et des droits de la défense, le président du tribunal est tenu de faire convoquer, par l'intermédiaire du greffier, le débiteur dans le délai qu'il fixe. À cette convocation, est jointe une note dans laquelle sont exposés les faits de nature à motiver la saisine d'office. Une copie de cette note est alors envoyée au Ministère public avec précision de la date d'audience. Cette saisine reste toutefois facultative pour le tribunal à la différence de la saisine d'office prévue en cas d'échec de la procédure de conciliation.

b) Prononcé du jugement d'ouverture

L'essentiel des règles relatives au contenu du jugement d'ouverture de la procédure de sauvegarde est ici applicable. Il en va ainsi de la nomination des organes de la procédure : juge-commissaire, experts et mandataires de justice (administrateur judiciaire et mandataire judiciaire). De la même manière, le tribunal invite le comité d'entreprise ou, à défaut, les délégués du personnel, à désigner un représentant parmi les salariés de l'entreprise ou à faire élire le représentant des salariés. Des contrôleurs peuvent également être désignés par le juge-commissaire si les créanciers en font la demande.

En outre, sont également transposables toutes les dispositions relatives à la publicité du jugement d'ouverture, sa communication aux parties et aux tiers, et enfin celles tenant aux voies de recours.

En définitive, une seule particularité est à noter par rapport à la sauvegarde. Le jugement d'ouverture du redressement judiciaire (ou de la liquidation judiciaire) fixe en principe la date de cessation des paiements. À défaut, celle-ci est réputée survenue au jour du prononcé du jugement qui la constate.

2 Période d'observation

Une fois encore, la plupart des règles de la sauvegarde ont vocation à s'appliquer à la période d'observation du redressement judiciaire. La durée est ainsi identique, soit six mois renouvelables une fois par décision motivée et susceptible d'une prolongation de six mois à la demande du Ministère public. De même, toutes les exigences de la discipline collective vont prévaloir. Néanmoins, en raison des enjeux et de la situation économique déjà obérée du débiteur, certaines dispositions sont propres au redressement judiciaire. Le déroulement de la période d'observation va en effet faire apparaître certaines contraintes (particulièrement pour le débiteur) compensées par la mise en œuvre de différents moyens destinés à assurer la préservation et la continuité de l'entreprise.

Contraintes inhérentes à la procédure

La procédure de redressement judiciaire présente certains particularismes tenant tant à la situation du débiteur qu'à celle de ses garants.

a) Sort du débiteur

Privilégiant l'anticipation et la sauvegarde, le législateur se révèle donc plus sévère à l'égard du débiteur en état de cessation des paiements. Ses pouvoirs et sa rémunération peuvent être réduits et ses droits sociaux frappés d'incessibilité.

1) Restriction des pouvoirs du débiteur

Dans le cadre du redressement judiciaire, le débiteur va se trouver en principe dessaisi d'un certain nombre de pouvoirs. À la différence de la sauvegarde, le débiteur ou les dirigeants risquent ainsi de perdre le contrôle de l'entreprise. La portée de ce dessaisissement est certes variable. L'article L. 631-12 du code dispose en effet qu'outre les pouvoirs qui leur sont conférés par la loi, « *la mission du ou des administrateurs est fixée par le tribunal. Ce dernier les charge ensemble ou séparément d'assister le débiteur pour tous les actes relatifs à la gestion ou certains d'entre eux, ou d'assurer seuls et entièrement l'administration de l'entreprise* ». Le débiteur peut donc être, soit assisté, soit représenté par l'administrateur ; la simple mission de surveillance est exclue. En cas de représentation, si certains seuils sont atteints (3 millions d'euros ou 20 salariés), le tribunal est tenu de désigner un ou plusieurs experts afin d'assister l'administrateur dans sa mission de gestion. En dessous de ces seuils, une telle désignation est facultative. Dans tous les cas, la rémunération des experts est mise à la charge de la procédure.

Durant sa mission, l'administrateur est tenu au respect des obligations légales et conventionnelles incombant au débiteur. Si celui-ci est frappé d'interdiction bancaire, l'administrateur peut alors faire fonctionner sous sa signature les comptes bancaires ou postaux dont il est titulaire.

En tout état de cause, le tribunal peut, à tout moment, modifier la mission de l'administrateur sur la demande de celui-ci, du mandataire judiciaire, du Ministère public ou d'office.

2) Réduction de la rémunération

Aux termes de l'article L. 631-11, le juge-commissaire fixe la rémunération afférente aux fonctions exercées par « *le débiteur s'il est une personne physique* » ou les dirigeants de la personne morale. Le débiteur pourra donc voir sa rémunération réduite afin de contribuer à l'effort de redressement de l'entreprise. Toutefois, en l'absence de rémunération, il est prévu que le débiteur ou les dirigeants peuvent obtenir sur l'actif, pour eux et leur famille, des subsides fixés par le juge-commissaire.

3) Incessibilité des droits sociaux

Le jugement d'ouverture de la procédure de redressement judiciaire emporte de plein droit incessibilité des droits sociaux des dirigeants de l'entreprise pendant la période d'observation. Simplement facultative en cas de sauvegarde, cette mesure est ici automatique. Les titres ou valeurs mobilières dont disposent les dirigeants de la personne morale, soumise à la procédure collective, sont virés sur un compte spécial bloqué ouvert au nom du titulaire par l'administrateur et tenu par ce dernier ou un intermédiaire financier. Aucun mouvement ne peut être effectué sur ce compte sans l'autorisation du juge-commissaire. Tenant à la seule valeur patrimoniale, l'incessibilité cesse à la demande de la personne intéressée la plus diligente après l'adoption du plan de redressement ou la clôture des opérations.

b) Sort des garants

En principe, pendant la période d'observation, la situation des garants est identique en procédure de sauvegarde et de redressement judiciaire. Le jugement d'ouverture n'entraîne pas la déchéance du terme mais aussi et surtout, il suspend jusqu'à l'arrêt du plan toute action contre les cautions, coobligés et garants autonomes, personnes physiques. De la même manière, le tribunal peut leur accorder des délais ou un différé de paiement dans la limite de deux ans.

Cependant, à la différence de la sauvegarde, les garants ne peuvent pas se prévaloir de l'arrêt du cours des intérêts pour les prêts ou contrats accordant un crédit différé de moins d'un an.

Moyens spécifiques de préservation de l'entreprise

Afin d'augmenter les chances de sauvetage de l'entreprise et la poursuite de l'exploitation, la procédure de redressement judiciaire dispose de certains moyens spécifiques qui visent tant à reconstituer l'actif, par le biais des nullités de la période suspecte, qu'à régler le sort des salariés.

a) Nullité de la période suspecte

Pour assurer au mieux la protection de l'entreprise et des créanciers, le législateur a prévu la possibilité d'annuler certains actes ou paiements effectués par le débiteur pendant la période dite suspecte (art. L. 632-1 à L. 632-4, C. com.). Pendant cette période, qui s'étend de la cessation des paiements au jour du jugement d'ouverture, le débiteur, souvent acculé par le poids des dettes, a pu accomplir un certain nombre d'actes frauduleux portant ainsi atteinte au principe d'égalité entre les créanciers et privant l'entreprise d'une trésorerie importante. La loi sanctionne donc ses actes irréguliers par la nullité permettant par là même de reconstituer l'actif de l'entreprise. De nombreux cas de nullité sont donc prévus dont la mise en œuvre est très réglementée.

1) Cas de nullité

Le Code de commerce opère traditionnellement une distinction entre deux types de nullité de la période suspecte en fonction de la gravité de l'acte :

– certaines ***nullités*** sont ***de droit***, privant alors le tribunal de tout pouvoir d'appréciation quant à l'opportunité de la sanction ;

– d'autres ***nullités*** sont ***facultatives*** laissant au magistrat le soin de les prononcer ou non.

• LES CAS DE NULLITÉS DE DROIT

Ils sont mentionnés à l'article L. 632-1 du Code. La nullité sera donc prononcée par le tribunal dès lors que l'acte visé par le texte a été passé pendant la période suspecte. La loi a en fait posé ici une présomption irréfragable de fraude pour huit sortes d'actes :

– *actes à titre gratuit translatifs de propriété* (donations directes ou indirectes, constitution de dot, attributions consenties dans une convention de divorce ou suite à un changement de régime matrimonial) ;

– *contrats commutatifs déséquilibrés*. Sont visés les contrats dans lesquels les obligations du débiteur excèdent notablement celles de l'autre partie (vente d'immeuble, de marchandises). Un déséquilibre au détriment du débiteur doit donc être prouvé. Il n'est toutefois pas exigé que les conditions de la lésion prévue par le Code civil soient remplies ;

– *paiements de dettes non échues*. Sont sanctionnés ici les paiements anticipés portant atteinte à l'égalité entre les créanciers, le mode de règlement important peu ;

– *paiements de dettes échues par un mode anormal.* Le texte prend soin de préciser les modes de paiement normaux (espèces, effets de commerce, virements, bordereaux Dailly et tous les autres modes de paiements admis communément dans les relations d'affaires). Dès lors constituent au regard de la jurisprudence des modes de paiement prohibés, la dation en paiement ou encore les résolutions amiables. En revanche, la cession de créance et la délégation de créance constituent des modes de paiement qui échappent à la nullité s'ils sont pratiqués de manière courante dans le secteur d'activité du débiteur ;

– *dépôts et consignations*. L'article L. 632-1-I-5° prévoit en effet la nullité de tout dépôt et toute consignation de sommes effectuées en application de l'article 2350 du Code civil (à savoir tout dépôt et consignation de sommes, effets ou valeurs, ordonné judiciairement à titre de garantie ou à titre conservatoire, « *à défaut d'une décision de justice ayant acquis force de chose jugée* » ;

– *constitutions de sûretés réelles en garantie de dettes antérieures*. Plus précisément, sont également nulles toute hypothèque conventionnelle, toute hypothèque judiciaire ainsi que l'hypothèque légale des époux et tout droit de nantissement ou de gage constitués sur les biens du débiteur pour des dettes antérieurement contractées. En définitive, pour encourir la nullité de droit, la sûreté réelle, quelle qu'elle soit, devra donc avoir été constituée au cours de la période suspecte pour garantir une dette antérieure. Une confrontation de la date de la créance et de celle de la constitution de la sûreté (et non celle de sa publicité) sera alors indispensable. Si la nullité est prononcée, la sûreté sera inefficace et le créancier bénéficiaire deviendra un simple créancier chirographaire ;

– *mesures conservatoires*. De la même façon, est aussi entachée de nullité, lorsqu'elle intervient en période suspecte, « *toute mesure conservatoire, à moins que l'inscription ou l'acte de saisie ne soit antérieur à la date de cessation de paiement* » ;

– *opérations sur les options*. Ce cas de nullité résulte de la loi du 26 juillet 2005. Est désormais nulle toute autorisation, levée et revente d'options définies à l'article L. 225-177 et suivants du Code de commerce. L'objectif de cette disposition est d'éviter que les dirigeants procèdent à certaines opérations sur leurs *stocks options* pendant la période suspecte ;

– *transfert de biens ou de droits dans un patrimoine fiduciaire*. Prenant ainsi en compte l'institution de la fiducie par la loi du 19 février 2007, l'article L. 632-1-I prévoit un neuvième cas de nullité de droit de la période suspecte.

• TROIS CAS DE NULLITÉS FACULTATIVES

L'opportunité du prononcé de ces nullités est soumise à l'appréciation des tribunaux :

– d'abord, l'article L. 632-1-II prévoit que « *le tribunal peut annuler les actes à titre gratuit faits... dans les six mois précédant la date de cessation des paiements* ». Regardés avec suspicion, les actes à titre gratuit sont donc non seulement frappés par une nullité de droit (lorsqu'ils ont été réalisés pendant la période suspecte) mais aussi par une nullité facultative s'ils ont été accomplis dans les six mois précédant la cessation des paiements ;

– ensuite, aux termes de l'article L. 632-2, peuvent également être annulés *les paiements pour dettes échues effectués* et *les actes à titre onéreux accomplis depuis la cessation des paiements* si ceux qui ont traité avec le débiteur ont eu connaissance celle-ci. La formule légale est suffisamment large pour viser toutes sortes de paiements (paiement par compensation, remboursement...) et d'actes à titre onéreux (vente, constitution de sûreté...). L'existence d'un préjudice à l'entreprise n'est en outre pas exigée par la jurisprudence. Seule la connaissance de la cessation des paiements par le tiers est déterminante et sera appréciée souverainement par les juges du fond ;

– enfin, « *tout avis à tiers détenteur, toute saisie attribution ou toute opposition peut également être annulé lorsqu'il a été délivré ou pratiqué par un créancier après la date de cessation des paiements et en connaissance de celle-ci* ». Ce dernier cas de nullité introduit par la loi de sauvegarde est conditionné par deux exigences : l'acte doit être pratiqué par le créancier et celui-ci doit avoir connaissance de la cessation des paiements.

2) Mise en œuvre de la nullité

Qu'elle soit de droit ou facultative, la nullité répond aux mêmes règles et produit les mêmes effets énergiques.

L'action en nullité est une action attitrée ; elle peut être exercée seulement par l'administrateur, le mandataire judiciaire, le commissaire à l'exécution du plan, le liquidateur, ou le Ministère public. Aucune hiérarchie n'existe entre les différents titulaires de l'action. La loi a toutefois prévu l'exercice de l'action par les contrôleurs en cas d'inertie du mandataire.

En outre, elle n'est enfermée dans aucun délai ; tout au plus, selon la jurisprudence, elle ne saurait être exercée après l'admission des créances en raison de l'autorité de la chose jugée afférente à la décision du juge-commissaire.

Enfin, l'action en nullité doit être introduite sous forme d'assignation, dirigée contre le créancier ou celui qui a reçu le paiement du débiteur, devant le tribunal de la procédure.

Une fois prononcée, la nullité produit effet *erga omnes*. Elle va anéantir l'acte irrégulier permettant ainsi la reconstitution de l'actif et donc le redressement de l'entreprise. Ainsi, par exemple, en cas de paiement, le créancier devra restituer ce qu'il a perçu ; en cas d'acte à titre gratuit, le bien sera en principe restitué en nature au débiteur et en cas d'annulation d'une sûreté, le créancier deviendra un simple créancier chirographaire.

b) Sort particulier des salariés

À la différence de la sauvegarde, et en raison précisément de l'état de cessation des paiements, l'ouverture d'une procédure de redressement judiciaire n'est pas sans incidences sur le sort des salariés. Celui-ci est d'ailleurs ambigu car pendant la période d'observation, la loi facilite les licenciements tout en s'efforçant de garantir au mieux les créances salariales.

1) Flexibilité des licenciements

Pour faciliter le sauvetage de l'entreprise, le législateur permet les licenciements économiques pendant la période d'observation s'ils sont autorisés par le juge-commissaire. Plus précisément, les licenciements doivent répondre à deux types de conditions :

– des ***conditions de forme*** tout d'abord. L'administrateur, ou le débiteur, souhaitant licencier, doit au préalable consulter le comité d'entreprise ou à défaut, les délégués du personnel et informer l'autorité administrative compétente. Ensuite, il doit solliciter l'autorisation du juge-commissaire ; à défaut, le licenciement sera dépourvu de cause réelle et sérieuse ;

– en outre, s'agissant des ***conditions de fond***, la loi exige que les licenciements économiques présentent « *un caractère urgent, inévitable et indispensable* » dont l'appréciation appartient au magistrat consulaire.

En tout état de cause, le juge-commissaire devra préciser dans une ordonnance, nécessairement motivée, « *le nombre de salariés dont le licenciement est autorisé ainsi que les activités et catégories professionnelles concernées* ». Sa décision est ensuite notifiée au comité d'entreprise, ou à défaut, aux délégués du personnel, ou le cas échéant aux représentants des salariés.

Il appartiendra alors à l'administrateur de procéder au choix des personnes à licencier en fonction des objectifs de redressement. Dans tous les cas, la lettre de licenciement devra impérativement se référer à l'ordonnance du juge-commissaire, à peine de nullité. Tout salarié a toutefois le droit de contester le licenciement dont il fait l'objet devant le conseil des prud'hommes.

2) Garantie des créances salariales

Pendant la procédure de redressement judiciaire, les créances salariales sont garanties par différents procédés. Certains sont relatifs au droit des sûretés, l'autre à l'intervention de l'AGS.

En premier lieu, les créances salariales sont assorties d'un privilège général prévu à l'article 2101 du Code civil. Le texte accorde ainsi aux salariés et apprentis un privilège sur les meubles et immeubles du débiteur qui couvre toutes les formes de rémunérations (salaires, commissions, congés payés, indemnité de licenciement...). Celui-ci garantit, en principe, les six derniers mois de travail nécessairement antérieurs au jugement d'ouverture. Les sommes garanties doivent être versées au plus tard dans les trois mois du jugement d'ouverture, à défaut, l'AGS interviendra.

Mais à ce privilège général vient s'ajouter un super-privilège. Aux termes de l'article L. 625-9 du Code de commerce, il est en effet prévu que « *lorsqu'est ouverte une procédure de redressement ou de liquidation judiciaire, les rémunérations de toute nature dues aux salariés et apprentis... doivent, déduction faite des acomptes déjà perçus, être payées, nonobstant l'existence de toute créance privilégiée, jusqu'à concurrence d'un plafond mensuel identique pour chaque catégorie de bénéficiaires* ». Sont donc visées toutes les créances résultant d'un contrat de travail ou d'apprentissage pour les deux mois précédant le jugement d'ouverture. Toutes les sommes couvertes par ce super-privilège (salaires, commissions, indemnités de congés payés et non indemnité de licenciement) devront ainsi être payées dans les dix jours du jugement d'ouverture dès lors que l'administrateur, autorisé par le juge-commissaire, dispose des fonds nécessaires. Mais, en général, avant l'établissement de ces créances, l'administrateur, sur autorisation du juge-commissaire pourra verser, à titre provisionnel, un acompte calculé sur la base du dernier mois de salaire. Ce n'est une fois encore qu'en l'absence de paiement, faute de disponibilités, que l'AGS sera appelée à intervenir.

En second lieu, la garantie des créances salariales est en effet assurée par un mécanisme particulier d'assurance financé par les cotisations des employeurs. Lorsque le chef d'entreprise n'est plus en mesure de payer ses salariés, l'association pour la gestion du régime d'assurance des créances salariales (AGS) va prendre le relais. Cet organisme permet ainsi pendant la période d'observation en redressement judiciaire de financer la poursuite de l'exploitation et le sauvetage de l'entreprise. Tout employeur, quel qu'il soit, personne physique ou personne morale de droit privé, est donc tenu d'assurer ses salariés contre le risque de non-paiement en cas de sauvegarde, de redressement ou de liquidation judiciaire. Peu importe d'ailleurs la nature à durée déterminée ou indéterminée du contrat de travail. Sont alors garanties en procédure de redressement deux types de créances salariales (art. L. 143-11-1, al. 2, C. trav.) :

– d'une part, *les créances antérieures* : c'est-à-dire toutes les sommes dues au jour du jugement d'ouverture se rattachant au contrat de travail et les contributions dues par l'employeur dans le cadre d'une convention de reclassement personnalisé ;

– d'autre part, *certaines créances postérieures*, à savoir les créances résultant de la rupture des contrats de travail intervenant, soit en période d'observation de la sauvegarde et du redressement judiciaire, soit dans le mois de l'arrêté du plan de sauvegarde, de redressement ou de cession.

Dans toutes ces hypothèses, la garantie s'étend aux cotisations et contributions sociales et salariales d'origine légale ou conventionnelle imposées par la loi.

De nature subsidiaire, elle est fournie par l'AGS sur demande du mandataire judiciaire qui devra justifier de l'insuffisance des fonds de l'entreprise. L'AGS pourra toujours contester le principe et le montant de sa garantie. En cas de refus, le salarié concerné, informé par le mandataire judiciaire, dispose d'un recours devant le conseil des prud'hommes. En revanche, si la garantie fonctionne, l'AGS doit procéder au règlement des avances dans certains délais (dans les 5 jours de la réception des relevés des créances salariales pour les créances super-privilégiées et pour les autres créances, dans les 8 jours de la réception des relevés) et dans la limite de certains plafonds (art. D. 143-2, C. trav.). En tout état de cause, le paiement effectué par l'AGS n'est qu'une avance ; elle doit donc pouvoir récupérer les sommes versées. Pour cela, en cas de redressement et de liquidation judiciaires, elle sera subrogée dans les droits des salariés qu'elle a payés pour les créances super-privilégiées. Pour les autres avances, elle devra déclarer sa créance à la procédure.

3 Plan de redressement

La période d'observation est destinée à élaborer un plan. Or le plan de redressement est soumis pour l'essentiel au même régime que le plan de sauvegarde que ce soit pour son élaboration, son exécution ou encore sa résolution. Le principe de similitude garde ici toute sa valeur sous réserve de trois exceptions. Outre une certaine sévérité affichée à l'égard des garants du débiteur, le particularisme du redressement judiciaire est en fait caractérisé par une simplification des licenciements et surtout la possibilité de préparer le cas échéant un plan de cession.

Sévérité à l'égard des garants du débiteur

À la différence du plan de sauvegarde, les cautions, coobligés et garants autonomes ne peuvent se prévaloir des dispositions du plan qu'il s'agisse de garants personnes physiques ou morales. Par conséquent, ils seront soumis aux poursuites des créanciers dans les conditions de droit commun, sauf, s'agissant de personnes physiques, à bénéficier de délais de paiements accordés par le tribunal. La solution légale est en fait destinée à privilégier l'anticipation et donc à inciter les dirigeants cautions à se placer sous la protection de la sauvegarde.

Simplification des licenciements

Pour garantir le succès du plan, certains licenciements peuvent s'avérer indispensables. Par conséquent, la loi les a facilités et a accéléré la procédure.

Des consultations préalables sont certes toujours exigées. En effet, lorsque le plan prévoit des licenciements économiques, il ne peut être arrêté par le tribunal qu'après consultation du comité d'entreprise ou, à défaut, des délégués du personnel et qu'après information de l'autorité administrative compétente en droit du travail. Lorsque l'entreprise emploie plus de vingt salariés, la présence du Ministère public est requise. Mais, en tout état de cause, c'est le tribunal qui est seul compétent pour décider des licenciements. Le plan indique le nombre de salariés à licencier dans le délai d'un mois après le jugement. C'est ensuite à l'administrateur, ou à défaut au débiteur, qu'il appartient de choisir les personnes concernées et de mettre en œuvre les licenciements. Un entretien préalable est obligatoire dans les entreprises comportant moins de 10 salariés (ou, s'il y a plus de 10 salariés licenciés, dans une entreprise ne disposant pas d'institutions représentatives du personnel). Le mandataire procède ensuite à des notifications individuelles pour faire part à chaque salarié de sa décision.

■ *Plan de cession*

Traditionnellement, la loi du 25 janvier 1985 envisageait le plan de cession comme une technique de redressement de l'entreprise. Ainsi, à l'issue de la période d'observation, le tribunal pouvait soit arrêter un plan de continuation, soit un plan de cession. Puis, au moment de la réforme du droit des entreprises en difficulté, il a été proposé de considérer le plan de cession comme une pure technique liquidative relevant dès lors de la seule liquidation judiciaire. Cependant, en définitive et après quelques rebondissements parlementaires, la loi du 26 juillet 2005 a choisi une solution de compromis. Elle a conservé la possibilité d'élaborer un tel plan dans le cadre de la procédure de redressement judiciaire, à côté du plan de cession élaboré en liquidation judiciaire. L'article L. 631-13 dispose en effet que « *dès l'ouverture de la procédure, les tiers sont admis à soumettre à l'administrateur des offres tendant au maintien de l'activité par une cession totale ou partielle de celle-ci* ». En d'autres termes, la cession totale ou partielle de l'entreprise peut être ordonnée par le tribunal « *si le débiteur est dans l'impossibilité d'en assurer lui-même le redressement* » (art. L. 631-22, C. com.). Une telle faculté reste donc résiduelle. Elle est en principe soumise aux mêmes règles que la cession-liquidation sous réserve de quelques aménagements. Ainsi, c'est l'administrateur qui va recevoir les offres. Il reste en fonction pour passer les actes nécessaires à la réalisation de la cession. Toutefois, si le débiteur de l'entreprise cédée peut présenter un plan de redressement, un commissaire à l'exécution du plan sera désigné qui aura la charge de surveiller l'exécution du plan, c'est-à-dire l'apurement du passif encore dû après paiement du prix de cession. Enfin, à la différence de la liquation judiciaire, l'ordre de paiement des créanciers postérieurs privilégiés est établi de façon avantageuse par l'article L. 622-17.

Liquidation judiciaire

CHAPITRE 10

La liquidation judiciaire est la procédure de l'échec, le redressement du débiteur n'est pas envisageable. Il ne reste que l'objectif classique du droit des entreprises en difficulté : le désintéressement des créanciers. La loi du 26 juillet 2005 fait de la liquidation judiciaire une procédure autonome, offrant une alternative à la sauvegarde, par le transfert de plan de cession dans la liquidation. Désormais, la liquidation judiciaire recouvre deux réalités économiques différentes. La première hypothèse est celle de la liquidation du débiteur qui n'a déjà plus d'activité ou dont l'activité est irrémédiablement compromise. Cette approche organise la réalisation de l'actif et la liquidation judiciaire simplifiée quand les conditions sont vérifiées.
La seconde hypothèse est celle de la liquidation alors que le débiteur est dans l'impossibilité d'assurer lui-même son redressement. Si redressement il y a, il ne peut être envisagé qu'entre les mains d'un cessionnaire. Cette approche est celle de l'insertion de la cession de l'entreprise dans la liquidation judiciaire. Le prix de la cession permet de désintéresser les créanciers du débiteur et la cession de l'entreprise permet son redressement dans les mains du cessionnaire. Après avoir envisagé l'ouverture de la procédure et ses effets, il convient d'étudier les issues de la procédure.

1 Ouverture de la procédure de liquidation judiciaire

Les conditions d'ouverture de la procédure illustrent le particularisme de la liquidation judiciaire tandis que les effets de l'ouverture sont marqués par la finalité liquidative de la procédure.

Conditions et jugement d'ouverture de la liquidation judiciaire

Les conditions relatives à la qualité du débiteur étant les mêmes que celles du redressement judiciaire, il convient de ne souligner que les conditions d'ouverture propre à la liquidation judiciaire. Le jugement d'ouverture comporte certaines dispositions pour tenir compte de l'ouverture antérieure d'une sauvegarde ou d'un redressement judiciaire.

a) Conditions d'ouverture de la liquidation judiciaire

1) Conditions de fond

Ces conditions sont énoncées par l'article L. 640-1 du Code de commerce. La première condition est la cessation des paiements du débiteur. L'exigence de la cessation des paiements est commune à la liquidation judiciaire et au redressement judiciaire. La seconde condition est l'impossibilité manifeste du redressement par le débiteur. Le tribunal apprécie la situation irrémédiablement compromise du débiteur, il peut même ordonner une enquête. Ces conditions ne sont pas vérifiées dans une seule hypothèse, celle de l'ouverture automatique de la liquidation en cas de survenance de la cessation des paiements pendant l'exécution du plan de sauvegarde.

2) Conditions de forme

Elles sont pour certaines communes à la sauvegarde. Il en va ainsi de la compétence matérielle et territoriale du tribunal. La plupart sont communes au redressement judiciaire. Ainsi, le tribunal peut ouvrir la liquidation judiciaire sur déclaration du débiteur, sur assignation d'un créancier, à la demande du Ministère public ou le tribunal peut se saisir d'office.

b) Jugement d'ouverture de la liquidation judiciaire

Comme tout jugement d'ouverture, ce dernier met en place la procédure en désignant les organes de la procédure. Cependant, si la liquidation judiciaire intervient pendant la période d'observation d'une sauvegarde ou d'un redressement, certains organes sont déjà en place, il est logique de les maintenir en adaptant leurs fonctions à la liquidation. Le mandataire judiciaire est donc nommé en qualité de liquidateur pour procéder aux opérations de liquidation, en tant qu'organe de la procédure, et finir la vérification des créances, en tant que représentant de l'intérêt collectif des créanciers. Le liquidateur représente le débiteur. Le juge-commissaire exerce les fonctions qui sont les siennes dans la sauvegarde et dans le redressement judiciaire. Comme dans la sauvegarde, le jugement prévoit la désignation d'un représentant des salariés et le juge-commissaire désigne éventuellement des contrôleurs.

Les formalités de publicité du jugement d'ouverture sont les mêmes que pour les autres procédures. Les voies de recours en présence d'une liquidation immédiate sont celles de l'article L. 661-1-I.

Effets du jugement d'ouverture

Ces effets sont pour la plupart communs aux différentes procédures par les renvois de textes opérés dans l'article L. 641-3, ils concernent essentiellement le débiteur, l'entreprise et à travers elle de ses partenaires.

a) Sort du débiteur

Dans le cadre de la liquidation judiciaire, ***le débiteur est dessaisi*** en application de l'article L. 641-9 : « *Le jugement qui ouvre ou prononce la liquidation judiciaire emporte de plein droit, à partir de sa date, dessaisissement pour le débiteur de l'administration et de la disposition de ses biens* ». L'étendue du dessaisissement est large, il touche tous les biens présents et à venir acquis pendant la liquidation, tous les droits et actions du débiteur qui concernent son patrimoine. Ce dessaisissement étendu exprime une certaine défiance à l'égard d'un débiteur, ce dernier est écarté car il a prouvé son incapacité de gestion. Son patrimoine est mis sous protection pour tenter de garantir le paiement des créanciers. La même logique explique l'article L. 641-9-III qui interdit au débiteur d'exercer pendant la liquidation une activité commerciale, agricole, ou toute autre activité indépendante. Il ne peut donc qu'exercer une activité salariée, les salaires du débiteur sont atteints par le dessaisissement. L'article L. 641-9 pose quelques limites au dessaisissement. Il « *peut se porter partie civile dans le but d'établir la culpabilité d'un crime ou d'un délit dont il serait victime.* » Il exerce les droits et les actions qui ne sont pas comprises dans la mission du liquidateur, c'est-à-dire qu'il peut exercer les actions à caractère personnel, les actes conservatoires car ces derniers sont utiles aux créanciers et les droits qui sont propres au débiteur dans la procédure (pour l'essentiel les voies de recours).

Si le débiteur est une personne morale, l'ouverture de la liquidation judiciaire entraîne sa dissolution (art. 1844-7-7, C. civ.). Cette disparition de la personne morale pose la question de la représentation de la société dissoute. L'article L. 641-9-II du Code de commerce apporte une réponse claire : « *lorsque le débiteur est une personne morale, les dirigeants sociaux en fonction lors du prononcé du jugement de liquidation judiciaire le demeurent, sauf disposition contraire des statuts ou décision de l'assemblée générales* ».

b) Sort de l'entreprise

Les effets du jugement d'ouverture sont les mêmes que pour la sauvegarde et le redressement. Les mesures de protection de l'entreprise sont reprises : ***interdiction des paiements, arrêt et reprise des poursuites, arrêt du cours des intérêts, interdiction des inscriptions***. En revanche, elles n'ont pas la même finalité. Dans le cadre de la liquidation judiciaire, il s'agit de préserver les biens afin de désintéresser les créanciers. Par disposition spéciale, l'ouverture de la liquidation judiciaire n'entraîne pas de plein droit la résiliation automatique du bail des immeubles affectés à l'exploitation de l'activité de l'entreprise. La cessation d'activité est le principe dans le cadre de la liquidation judiciaire, l'article L. 640-1 du Code de commerce énonce : « *la procédure de liquidation judiciaire est destinée à mettre fin à l'activité de l'entreprise* ». Elle entraîne le licenciement pour motif économique des salariés. Les dispositions du redressement judiciaire relatives aux salariés ne sont reprises que dans l'hypothèse de la poursuite exceptionnelle de l'activité. En dehors de cette exception, les dispositions du droit commun devraient s'imposer (et la garantie de l'AGS pour les indemnités de rupture ne devrait jouer que si les licenciements interviennent dans les quinze jours du jugement d'ouverture). L'article L. 641-13 reprend les critères d'utilité de la sauvegarde pour déterminer les créances élues bénéficiaires du privilège de procédure.

La poursuite de l'activité de l'entreprise n'est pas de principe, elle n'est qu'une exception, soit dans l'intérêt des créanciers, soit en présence d'un plan de cession permettant la continuation de l'entreprise dans les mains du cessionnaire grâce à une reprise externe. Elle est strictement encadrée : le maintien de l'activité ne peut excéder une durée de trois mois, une seule prorogation de trois mois est possible à la demande du Ministère public. Seule la perspective d'un plan de cession totale ou partielle justifie pleinement la poursuite de l'activité de l'entreprise. Dans les autres cas, il est préférable de liquider rapidement les actifs, d'autant plus que, souvent, la liquidation judiciaire est prononcée alors que l'entreprise n'a d'ores et déjà plus d'activité. En cas de maintien de l'activité, les dispositions relatives à la période d'observation dans la sauvegarde et le redressement judiciaire sont globalement reprises par renvoi de textes. Le liquidateur remplace l'administrateur, sauf si ce dernier est désigné, car il assure l'administration de l'entreprise, il transmet toutes informations au juge-commissaire et au Ministère public. Les contrats sont poursuivis pour les besoins de l'activité. Comme l'administrateur dans le redressement judiciaire, le liquidateur peut effectuer les licenciements nécessaires en respectant les dispositions du Code du travail. Le cas échéant, il prépare le plan de cession.

La simple réalisation des actifs isolés et l'adoption d'un plan de cession totale ou partielle sont les issues possibles de la liquidation judiciaire.

2 Issues de la procédure de liquidation judiciaire

L'insertion du plan de cession dans le cadre de la liquidation judiciaire est une des grandes innovations de la loi du 26 juillet 2005. Elle transforme profondément la procédure qui auparavant n'était qu'une procédure liquidative. La cession, à l'égard du débiteur, présente une dimension liquidative puisqu'elle représente une liquidation globale de ses actifs servant au règlement de ses créanciers. En revanche, analysée du côté repreneur, la cession globale ou partielle assure le maintien d'activités susceptibles d'exploitation autonome, le maintien des emplois qui y sont attachés et l'apurement du passif. Il convient de souligner une autre innovation de la loi de sauvegarde des entreprises : la suppression de la cession des unités de production composées de tout ou partie de l'actif mobilier ou immobilier. Depuis le 1er janvier 2006, il y a deux issues à la liquidation judiciaire : la réalisation de l'actif et le plan de cession.

Réalisation de l'actif

Cette réalisation est l'objectif classique poursuivi par la liquidation judiciaire et rappelé par l'article L. 640-1 du Code de commerce : « *la procédure de liquidation judiciaire est destinée... à réaliser le patrimoine du débiteur par une cession globale ou séparée de ses droits et de ses biens* ». La loi distingue entre les dispositions communes à toutes les cessions et celles relatives à la cession d'actifs isolés.

a) Dispositions applicables à toutes les cessions

Les dispositions des articles L. 642-22 et suivants s'appliquent à « *toute cession d'entreprise et toute réalisation d'actif* ». L'article L. 642-24 prévoit que « *le liquidateur peut, avec l'autorisation du juge-commissaire et le débiteur entendu ou dûment appelé, compromettre et transiger sur toutes les contestations qui intéressent collectivement les créanciers...* ». Un souci de transparence et de moralisation des opérations de réalisation de l'actif se retrouve dans plusieurs dispositions. Le texte impose une publicité préalable à toute réalisation d'actif. En ce qui concerne les cessions de biens isolés, la cession de l'actif est interdite à des parents proches du débiteur ou des dirigeants du débiteur personne morale, aux dirigeants du débiteur personne morale et aux contrôleurs.

L'article L. 642-25 prévoit des règles particulières pour les biens soumis à un droit de rétention. Le créancier gagiste en application du droit commun peut solliciter l'attribution judiciaire du gage avant le jugement de cession. En revanche, il n'a pas intérêt à procéder lui-même à la réalisation du gage car il perdrait son droit de rétention. L'alinéa premier de l'article L. 642-25 donne le droit au liquidateur, sur autorisation du juge-commissaire, de payer pour retirer la chose retenue. L'alinéa 2 du même article offre une autre option au liquidateur : le paiement après réalisation du bien. Dans ce cas, le droit de rétention est reporté de plein droit sur le prix et le créancier est désintéressé avant tout autre créancier.

b) Cessions d'actifs isolés

Les articles L. 642-18 et suivants définissent les modalités de cette réalisation, ils s'appliquent en l'absence de plan de cession et pour les biens et droits qui ne sont pas compris dans le plan de cession.

1) Cession d'immeuble

L'article L. 642-18 concerne ***les ventes d'immeubles***. Le principe est celui de leur vente dans le respect des prescriptions propres à la saisie immobilière. Toutefois, le juge-commissaire fixe la mise à prix, les conditions essentielles de la vente et les modalités de sa publicité après avoir recueilli les observations des contrôleurs, le débiteur et le liquidateur. D'autres modalités de vente des biens meubles sont envisagées. Le juge-commissaire peut autoriser la vente soit par adjudication amiable et il fixe la mise à prix, soit de gré à gré et il fixe le prix et les conditions de la vente.

2) Cession de meuble

L'article 642-19 précise les modalités des ventes d'immeubles. Une fois encore, l'option offerte est la vente aux enchères ordonnée par le juge-commissaire ou la réalisation de gré à gré autorisée par le juge-commissaire.

La véritable innovation de la loi de sauvegarde réside dans le transfert du plan de cession dans la liquidation judiciaire.

Cession d'entreprise

Elle exprime l'ambivalence de la cession et la difficulté de l'insérer dans une procédure ou dans l'autre. La cession de l'entreprise est incontestablement une ***mesure liquidative***, si elle est analysée du point de vue du débiteur : le prix de la cession qui lui est imposé sert à désintéresser ses créanciers dans la mesure du possible. En revanche, la même cession peut être analysée comme une opération de redressement de l'entreprise entre les mains d'un ou de plusieurs cessionnaires chargés de maintenir les activités ainsi que tout ou partie de l'emploi et d'apurer le passif. Ces objectifs ressemblent curieusement à ceux du redressement judiciaire, voire de la sauvegarde. Par conséquent, la cession est possible, même forcée, dans le redressement judiciaire, elle est envisageable dans la sauvegarde, mais elle est alors nécessairement volontaire. Cette ambivalence se retrouve dans les textes. Le parti pris par le législateur est celui de se placer dans la perspective du débiteur : la cession est donc partie prenante de la liquidation judiciaire. Cependant, elle peut être réalisée dans le redressement judiciaire. Les offres de reprise peuvent être présentées dès l'ouverture de la procédure de redressement judiciaire. Les dispositions applicables pour une cession dans le redressement judiciaire sont celles de la liquidation judiciaire par renvoi de texte. L'ambivalence de la cession contraint à concilier deux logiques apparemment opposées : le redressement et la liquidation. La cession dans le redressement judiciaire n'a pas le même sens que dans la liquidation judiciaire. Elle exprime une autre méthode de redressement, concomitante au plan de redressement grâce auquel certaines activités restent confiées au débiteur, par reprise externe entre les mains du repreneur. Cette conjonction est souhaitable dans le cadre de restructuration nécessaire au redressement de l'entreprise. Il n'en demeure pas moins qu'une cession totale dans le redressement judiciaire peut surprendre dans la mesure où le débiteur est totalement évincé. En toute logique, une conversion de la procédure en liquidation judiciaire pour traiter de cette cession paraît s'imposer. Cette ambivalence marque toute l'étude de la cession de l'entreprise, tant dans la préparation de la cession que dans son adoption et son devenir.

a) Préparation et décision de la cession

La loi de sauvegarde renforce la dimension économique de l'appréciation de la proposition de plan soumis au tribunal chargé d'arrêter le plan de cession en instituant une « magistrature économique ».

1) Élaboration de la cession

Deux maîtres mots caractérisent la préparation de la cession : transparence et moralisation, tant en ce qui concerne les offres de reprise que la publicité qui les caractérise.

• LES OFFRES DE REPRISE

Elles sont soumises à un formalisme strict qui transpose un principe de moralisation des cessions :

– premièrement, moralisation oblige, ***les offres ne peuvent être déposées que par les tiers***. Le débiteur ne doit pas reprendre la main par personne interposée. Par conséquent, ni les parents proches du débiteur (jusqu'au 2e degré), ni les dirigeants de droit ou de fait de la personne morale en liquidation judiciaire (jusqu'au 2e degré), ni les contrôleurs ne peuvent se porter repreneurs. Les personnes ainsi désignées ne peuvent pas davantage, pendant les cinq années qui suivent la cession, « *acquérir [...] tout ou partie des biens dépendants, directement ou indirectement, de la liquidation, ainsi que d'acquérir des parts ou titres de capital de toute société ayant dans son patrimoine, directement ou indirectement, tout ou partie de ces biens, ainsi que des valeurs mobilières donnant accès, dans le même délai, au capital de la société* ». Le texte est donc particulièrement sévère, d'autant plus qu'il étend l'interdiction aux personnes interposées. Il précise la sanction : la nullité des actes passés en violation de l'interdiction. Cette nullité d'ordre public peut être demandée par tout intéressé dans le délai de trois ans à compter de la conclusion de l'acte. Les associés, y compris les associés majoritaires, ne sont pas expressément concernés par le texte. Une dérogation est prévue en présence d'une exploitation agricole. Dans ce cas, le tribunal peut autoriser la cession aux personnes interdites de reprise. Seuls les contrôleurs restent interdits de dépôts d'offre.

Un assouplissement est introduit en toute hypothèse, les proches et dirigeants peuvent présenter une offre et le tribunal autoriser la cession sur requête du Ministère public, après avis des contrôleurs qui, quant à eux, ne peuvent pas déposer une offre ;

– deuxièmement, ***les délais*** pour déposer les offres sont stricts. Dans le cadre d'un redressement judiciaire, les offres peuvent être déposées dès la période d'observation. Dans une telle hypothèse, la présence d'un administrateur est souhaitable et les dispositions des articles L. 642-1 et suivants sont applicables dans le cadre du redressement judiciaire. Dans le cadre de la liquidation judiciaire, le délai de remise des offres est fixé par le tribunal. L'absence de précision laisse toute souplesse dans l'appréciation du délai et n'impose pas de délai minimum. En outre, si des offres sérieuses ont été déposées en cours de période d'observation du redressement judiciaire converti, ensuite, en liquidation judiciaire, le tribunal peut arrêter le plan de cession sur leur base sans fixer de nouveau délai. La rapidité est toujours un gage de réussite ;

– troisièmement, ***le contenu*** de l'offre est précisément défini par l'article L. 642-2-II et III du Code de commerce. La moralisation de l'offre n'est pas loin une fois encore, il s'agit, pour le tribunal, de s'assurer de son sérieux, d'éviter le dépeçage de l'entreprise par des repreneurs peu scrupuleux. L'offre doit être écrite. Elle doit comprendre les indications suivantes :

- la désignation précise des biens, des droits, des contrats concernés,
- les prévisions d'activité et de financement,
- le prix, les modalités de paiement et les garanties,
- la date de réalisation de la cession,
- le devenir des emplois par rapport à l'activité maintenue,
- les garanties souscrites pour assurer l'exécution de l'offre,
- les prévisions de cession d'actifs pendant les deux années suivant la cession,
- enfin la durée des engagements pris par l'auteur de l'offre.

Une disposition particulière concerne le débiteur exerçant une profession libérale, l'offre doit alors indiquer la qualification professionnelle du repreneur ;

– quatrièmement, ***l'offre une fois déposée est irrévocable***. Elle constitue un engagement unilatéral et, par conséquent, elle lie son auteur jusqu'à la décision du tribunal. Elle ne peut donc pas être retirée ou modifiée. Toutefois, une exception est prévue : l'offre peut être modifiée en un sens plus favorable en vue de maintenir l'activité, l'emploi et d'apurer le passif. Après décision du tribunal, en cas d'appel, le cessionnaire ne peut pas modifier son offre ; en revanche, ses concurrents évincés recouvrent toute liberté pour présenter d'autres offres.

• LA PUBLICITÉ DES OFFRES

Elle renforce la transparence de la procédure. Chaque offre est adressée à l'administrateur ou au liquidateur. Ce dernier dépose les offres au greffe du tribunal où tout intéressé peut en prendre connaissance. Le liquidateur informe le débiteur, le représentant des salariés, les contrôleurs du contenu des offres. Enfin, en présence d'un débiteur exerçant une profession libérale, elles doivent être notifiées à l'ordre professionnel ou à l'autorité compétente. Cette transparence est un atout pour la qualité des offres proposées car elle met les offrants en concurrence. Si cette surenchère peut être favorable au redressement de l'entreprise entre les mains du repreneur, elle ne doit pas entamer le sérieux des offres. Toutefois, le tribunal veille au réalisme des propositions dans sa décision arrêtant la cession. C'est en cela qu'il juge les propositions en exerçant une « magistrature économique ».

2) Jugement arrêtant la cession

Pour exercer cette magistrature économique dans les meilleures conditions, le tribunal doit être correctement informé et prendre l'avis des premiers intéressés afin de choisir en toute connaissance de cause. Par conséquent, le tribunal doit être en mesure de vérifier que l'offrant est un tiers au sens de l'article L. 642-3 du Code de commerce. En outre, l'article L. 642-4 précise que le liquidateur (ou l'administrateur) donne au tribunal toutes les informations nécessaires à l'appréciation du caractère sérieux de l'offre. Ce sérieux est mesuré à l'aune des objectifs poursuivis par la cession : le tribunal doit être capable d'apprécier les conditions d'apurement du passif. Le prix offert et la valeur des actifs résiduels sont donc confrontés aux dettes du débiteur et au passif de la procédure. Le prix de cession est donc un des éléments essentiels de l'appréciation du sérieux de l'offre. Cependant, pour être sérieuse, l'offre ne doit pas seulement assurer le paiement des créanciers, elle doit aussi assurer le maintien de l'activité et d'un nombre conséquent d'emplois. En effet, le « *tribunal retient l'offre qui permet dans les meilleures conditions d'assurer le plus durablement l'emploi attaché à l'ensemble cédé, le paiement des créanciers et qui présente les meilleures garanties d'exécution* » (art. L. 642-5, C. com.). L'arbitrage est difficile, il ne peut être fait sans « *avoir recueilli l'avis du Ministère public et entendu ou dûment appelé le débiteur, le liquidateur, l'administrateur lorsqu'il a été désigné, les représentants* » des salariés. Leur point de vue est une garantie d'information du tribunal avant qu'il n'arrête sa décision. Des dispositions particulières concernent les éventuels licenciements pour motif économique. Le comité d'entreprise ou les représentants des salariés doivent être informés. Les licenciements intervenant dans le mois qui suit le jugement interviennent sur simple notification du débiteur (ou de l'administrateur) sous réserve des préavis prévus par le droit du travail et des conventions ou accords collectifs. Autant d'éléments qui expliquent que le plan de cession arrêté n'est pas nécessairement celui qui permet le meilleur désintéressement des créanciers du débiteur. Ce critère n'est qu'un élément parmi d'autres. Dans un souci d'efficacité, le tribunal peut arrêter un ou plusieurs plans de cession.

Le jugement est opposable à tous et fait l'objet de publicité. D'abord, il est communiqué par le greffier à l'administrateur, liquidateur, mandataire judiciaire, au procureur de la République, au trésorier-payeur général du département du principal établissement du débiteur. Ensuite, il est publié au *BODACC*, registre du commerce, répertoire des métiers. Les voies de recours à l'encontre du jugement arrêtant le plan de cession sont fermées. En sont exclus : le liquidateur ou l'administrateur, les créanciers, les représentants des salariés, les candidats à la reprise évincés. Le débiteur, le Ministère public peuvent faire appel de la décision. Il en est de même pour le cessionnaire si le jugement aggrave ses charges. Les cocontractants dont les contrats sont cédés au repreneur peuvent faire appel de la partie du jugement qui concerne cette cession. Le Ministère public peut seul introduire un pourvoi en cassation contre l'arrêt de la cour d'appel.

b) Devenir de la cession

Deux hypothèses sont envisageables : l'exécution du plan d'une part, son inexécution d'autre part.

1) Exécution du plan

Dans ce cas de figure, optimiste, le repreneur reçoit les éléments d'exploitation des activités et en contrepartie, il remplit ses engagements. Le prix payé ainsi que la réalisation des actifs résiduels permet le règlement, au moins partiel, des créanciers du débiteur.

Le plan de cession suppose la cession totale ou partielle de l'entreprise. La cession implique d'abord la transmission des actifs appartenant au débiteur et composant des branches complètes et autonomes d'activités. La liste des biens cédés figure dans l'offre, le tribunal peut prévoir des clauses d'inaliénabilité pour certains biens. Par exception, l'article L. 642-1 assimile la cession d'un bail rural à celle d'un bien. Les professions libérales exercées par une personne physique (à l'exclusion donc des personnes morales) font l'objet d'une disposition particulière limitant la cession aux éléments corporels. L'exclusion des éléments incorporels, dont la clientèle, se justifie par le caractère *intuitu personae* des relations du professionnel libéral avec ses clients, elle surprend car la Cour de cassation a accepté la cession d'un fonds libéral. Elle est dommageable car la véritable valeur de l'entreprise est souvent dans ce fonds libéral. L'article L. 642-8 précise qu'en cas de cession d'un fonds de commerce, aucune surenchère n'est admise. Cette cession étant imposée par le tribunal, le débiteur ne doit au cessionnaire ni la garantie des vices cachés, ni la garantie d'éviction. Pourtant, la forme des actes de cession est celle du droit commun. L'article L. 642-8 énonce que le liquidateur ou l'administrateur s'il a été nommé passe les actes nécessaires à la réalisation de la cession. En principe, le transfert de propriété est réalisé à la date de passation des actes nécessaires à la réalisation de la cession. En attendant, sur justification de la consignation du prix, le tribunal peut confier la gestion de l'entreprise au cessionnaire. Enfin, à titre d'exception et pour une période transitoire, les articles L. 642-13 prévoient et organisent la location-gérance au profit du futur cessionnaire de l'entreprise. Ce dernier doit alors acquérir l'entreprise dans les deux ans.

La cession concerne également la transmission de certains contrats indispensables à la poursuite de l'activité. Les contrats de travail (art. L. 122-12, C. trav.), les contrats d'assurance (art. L. 121-10, C. assur.) font l'objet d'une transmission légale. Les baux ruraux, en principe, incessibles peuvent être transmis, la solution est la même pour le bail d'immeuble. La question des contrats conclus *intuitu personae* ne connaît pas une réponse uniforme. Pour que ces contrats ne soient pas cédés, il faut que la prise en considération de la personne soit étroitement liée à l'exécution du contrat. Certains de ces contrats (par exemple, contrat de concession automobile) sont donc cédés. En présence d'un cautionnement, la caution reste tenue au titre des créances nées du débiteur pour qui elle s'était engagée, elle n'est pas tenue de garantir les dettes nées du chef du cessionnaire. L'article L. 642-8 précise que la cession des contrats prend effet à la date de réalisation des actes nécessaires à la réalisation de la cession par le liquidateur ou l'administrateur. Les obligations nées avant la transmission du contrat au repreneur restent à la charge du débiteur. Les obligations nées après cette transmission sont à la charge du cessionnaire. L'article L. 642-7, al. 3 précise que les contrats cédés « *doivent être exécutés aux conditions en vigueur au jour de l'ouverture de la procédure, nonobstant toute clause contraire* ». Le sort de la caution offerte au débiteur mérite d'être précisé, l'obligation de garantie prend fin car il n'est pas envisageable d'obliger la caution à garantir les engagements du repreneur. En ce qui concerne le contrat de crédit-bail, le cessionnaire ne peut lever l'option qu'après avoir payé les sommes restant dues au crédit-bailleur, dans la limite de la valeur du bien fixée d'un commun accord entre les parties.

En contrepartie, le repreneur doit honorer ses engagements. Le premier d'entre eux est le paiement du prix, en principe, réel et sérieux, déterminé souverainement par le tribunal. Ce prix est parfois assez éloigné de la valeur réelle des branches autonomes d'activité cédées car il tient compte des autres engagements du repreneur, par exemple, le maintien de l'emploi. L'obligation de payer le prix est une obligation personnelle du cessionnaire. Le liquidateur perçoit le prix, qui est d'abord consigné à la Caisse des dépôts et consignations, puis il le répartit entre les créanciers. L'article L. 642-12 du Code de commerce prévoit qu'en présence de biens grevés d'un privilège spécial, d'un nantissement ou d'une hypothèque, le tribunal doit ventiler le prix de cession en affectant une quote-part de ce prix à chacun de ces biens. Pour que le cessionnaire puisse acquérir des biens libres de droits, il est précisé que le paiement complet du prix fait obstacle à l'exercice de leurs droits par les créanciers inscrits. Ces derniers ne disposent pas d'un droit de regard sur le prix de cession, le paiement du prix emporte purge de leurs inscriptions. Selon certains auteurs, ils paient un lourd tribut à la reprise de l'entreprise entre les mains du repreneur. Toutefois, l'article L. 642-12, al. 3 laisse subsister le droit de suite pour certains créanciers en cas de cession du bien par le cessionnaire. En principe, le cessionnaire ne prend pas à sa charge les dettes du débiteur cédé. Par exception, l'article L. 642-12, al. 4 du Code de commerce prévoit que le cessionnaire prend à sa charge les sûretés immobilières et mobilières spéciales garantissant « *le remboursement d'un crédit consenti à l'entreprise pour lui permettre le financement d'un bien...* ». Le repreneur peut échapper à cette disposition en passant un accord avec les créanciers titulaires des sûretés. Le cessionnaire doit également répondre d'autres engagements. Outre le respect des clauses d'inaliénabilité légales ou judiciaires inscrites dans le plan de cession, il doit respecter les divers engagements pris pour maintenir l'activité, le financement de l'entreprise et surtout maintenir le niveau de l'emploi.

Le respect de ses obligations par le cessionnaire est constaté par le tribunal qui peut alors prononcer la clôture de la procédure. En cas d'inexécution du plan, la résolution du plan n'est pas forcément la seule issue.

2) Inexécution du plan

L'article L. 642-11 prévoit que le cessionnaire rend compte au liquidateur de l'exécution du plan, à l'issue de chaque exercice. Ce même article ne prévoit que la résolution du plan en cas d'inexécution des engagements pris. Pourtant, l'article L. 642-9 envisage la modification du plan.

Le cessionnaire, en arguant d'un motif sérieux, peut demander au tribunal une modification substantielle des objectifs et des moyens du plan. La décision revient au tribunal, après avoir entendu ou dûment appelé, le liquidateur (administrateur), les contrôleurs, les représentants du personnel et obtenu l'avis du Ministère public. Le montant du prix de cession, fixé par le jugement arrêtant la cession, ne peut pas être modifié. La modification est un élément de souplesse. Elle permet de tenir compte des difficultés de mise en œuvre du plan et, éventuellement, d'adapter les modalités de paiement du prix, le périmètre de la cession ou encore le niveau de l'emploi. La Cour de cassation, sous l'empire de la loi antérieure, a précisé que le jugement modificatif ne fait qu'un avec le jugement arrêtant le plan afin de permettre le jeu de l'AGS pour les créances résultant de la rupture du contrat de travail dans le mois qui suit le jugement.

La résolution du plan est la sanction de son inexécution. La résolution est une faculté offerte au tribunal en cas d'inexécution par le cessionnaire de n'importe lequel de ses engagements (paiement du prix, maintien de l'emploi, cession d'un bien inaliénable, etc.). Le tribunal peut prononcer la résolution du plan à la demande du liquidateur, d'un créancier, de tout intéressé ou d'office. Il doit recueillir l'avis du Ministère public. Si le tribunal le juge nécessaire, il peut assortir la résolution du versement de dommages et intérêts. L'article L. 642-11 précise encore que la résiliation des actes passés en exécution du plan résolu est possible, elle est donc dissociée de la résolution du plan et n'est pas automatique. Le prix de cession, quant à lui, reste acquis à la procédure. En présence d'une liquidation judiciaire, la résolution du plan ne conduit pas à l'ouverture d'une nouvelle procédure, sous réserve de l'ouverture d'une procédure à l'encontre du repreneur malheureux.

■ *Achèvement de la procédure*

La clôture de la procédure n'est pas directement liée à l'adoption du plan, elle est prévue par l'article L. 643-9 du Code de commerce. L'apurement du passif est le préalable indispensable à la clôture de la procédure.

a) Préalable : l'apurement du passif

C'est une opération préalable indispensable pour assurer le paiement des créanciers. L'article L. 643-1 pose le principe de la déchéance du terme. Ce même article reporte la déchéance, en cas de maintien de l'activité en vue de l'adoption d'un plan de cession, au jour du jugement prononçant la cession. Cette mesure présente l'avantage de ne pas fragiliser le plan de cession. La déchéance du terme ne concerne que les créanciers de l'entreprise et elle ne s'étend pas aux codébiteurs ou cautions sauf clause contraire.

Les fonds servant au paiement des créanciers du débiteur en liquidation judiciaire proviennent du prix de cession quand elle est adoptée, mais aussi de la cession des actifs isolés et des sommes obtenues en recouvrement des créances du débiteur (action en reconstitution de l'actif, action en responsabilité pour insuffisance d'actif éventuelle). Discipline collective oblige, les créanciers sont payés en application des règles prévues pour la répartition du produit de la liquidation. C'est le liquidateur qui est chargé de réaliser la répartition du produit de la liquidation judiciaire. Toutefois, la loi introduit des dérogations à la discipline collective et notamment à l'interdiction des poursuites posée dès l'ouverture de la liquidation judiciaire. D'une part, l'article L. 643-2 reconnaît le droit de poursuite des créanciers titulaires d'un privilège spécial, d'un nantissement ou d'une hypothèque et du Trésor public pour ses créances privilégiées, dès qu'ils ont déclaré leurs créances, à condition que le liquidateur n'ait pas entrepris la liquidation des biens grevés dans le délai de trois mois à compter du jugement qui ouvre ou prononce la liquidation judiciaire (L. 643-2, al. 1, C. com.). D'autre part, l'article L. 642-25 du Code de commerce accorde le droit pour les créanciers gagistes de demander l'attribution judiciaire de leur gage.

La répartition du produit des actifs se fait en application de règles posées par l'article L 641-13 du Code de commerce. Elle est réalisée différemment en cas de vente d'un immeuble et d'un meuble. Dans le premier cas, les créanciers titulaires de sûretés immobilières générales ou spéciales seront désintéressés sans remettre en cause le super-privilège des salariés, le rang des frais de justice, celui des créances antérieures garanties par le privilège de conciliation, enfin celui des créances salariales privilégiées. La répartition en cas de vente de meuble favorise le titulaire d'un droit de rétention qui prime, même le super-privilège des salaires. L'article L. 641-13-I précise encore que les créances nées régulièrement après le jugement ouvrant ou prononçant la liquidation judiciaire, ou nées régulièrement après le jugement d'ouverture de la procédure de sauvegarde ou de redressement judiciaire et qui sont des créances élues sont des créances postérieures. Ce texte consacre l'unité de la procédure ouverte contre le débiteur. Les créanciers privilégiés élus sont mieux protégés ; il n'en demeure pas moins qu'ils restent primés par les créanciers antérieurs munis de sûretés spéciales assorties d'un droit de rétention ou par les titulaires d'un nantissement de matériel ou d'outillage.

b) Clôture de la procédure

Pour réduire la durée des procédures, l'article L. 643-9 précise que dès le jugement qui ouvre la liquidation judiciaire, « *le tribunal fixe le délai au terme duquel la clôture de la procédure devra être examinée. Si la clôture ne peut être prononcée au terme de ce délai, le tribunal peut proroger le terme par une décision motivée.* » En outre, le liquidateur, le débiteur qui exerce alors un droit propre, le Ministère public peuvent saisir le tribunal à tout moment aux fins de clôture de la procédure. Le tribunal peut se saisir d'office. Tout créancier peut faire de même à l'expiration d'un délai de deux ans à compter du jugement de liquidation judiciaire. Il y a deux hypothèses de clôture de la procédure : une optimiste rare, la clôture pour extinction du passif, une réaliste plus courante, la clôture pour insuffisance d'actif.

1) Clôture pour extinction du passif

L'article L. 643-9 précise que, s'il « *n'existe plus de passif exigible ou que le liquidateur dispose des sommes suffisantes pour désintéresser les créanciers* », le tribunal prononce la clôture de la liquidation judiciaire. Dès lors, le débiteur, personne physique, n'est plus dessaisi. Si le débiteur est une personne morale, elle disparaît. Le chef d'entreprise, les dirigeants de la personne morale recouvrent tous leurs droits, ils ne sont plus frappés de déchéances ou interdictions prononcées lors de la procédure. Au nom de la distinction entre l'homme et l'entreprise, il n'y a plus de sanction patrimoniale automatique attachée à la liquidation judiciaire. La clôture met fin au mandat du liquidateur, aux fonctions du juge-commissaire, des contrôleurs s'ils ont été nommés.

2) Clôture pour insuffisance d'actif

C'est l'hypothèse la plus courante. L'article L. 643-9 prévoit la clôture de la procédure même si « *la poursuite des opérations de liquidation judiciaire est rendue impossible en raison de l'insuffisance de l'actif* ». La mission du liquidateur prend fin avec la clôture de la procédure. Le débiteur, personne physique, n'est plus dessaisi. Le débiteur personne morale disparaît. L'article L. 643-11 précise que les créanciers ne recouvrent pas l'exercice individuel de leurs actions contre le débiteur. Ainsi, le débiteur se trouve exempté du paiement de ses dettes et peut repartir sur de nouvelles bases en faisant table rase du passé. La solution peut sembler sévère pour les créanciers qui ne seront pas désintéressés. Toutefois, le même article énonce des exceptions. Les premières concernent des créances particulières : celles qui résultent de la condamnation pénale du débiteur, celles qui sont attachées à la personne du créancier (par exemple, les créances alimentaires). Les secondes prennent en considération le comportement fautif du débiteur. Ainsi le droit de poursuite des créanciers n'est pas éteint si le débiteur a été déclaré en faillite personnelle, s'il a été sanctionné pour banqueroute, s'il a été le dirigeant d'une personne morale soumise à une liquidation judiciaire dans les cinq ans qui ont précédé l'ouverture de la liquidation judiciaire contre lui, si une procédure secondaire au sens du règlement communautaire relatif aux procédures d'insolvabilité a été ouverte contre le débiteur. Cette extinction du droit de poursuite des créanciers ne correspond pas à l'extinction de la dette, par conséquent, la caution ou le coobligé qui a payé au lieu et place du débiteur peut poursuivre ce dernier. Cette clôture n'est pas définitive. En effet, la procédure peut être reprise quand il apparaît que certains actifs « *n'ont pas été réalisés ou que des actions dans l'intérêt des créanciers n'ont pas été engagées* ». Le tribunal peut se saisir d'office, il peut être saisi par le liquidateur, par le Ministère public, par tout créancier intéressé.

Afin d'accélérer les procédures de liquidation, le législateur de 2005 a introduit une procédure de liquidation judiciaire simplifiée pour les petites entreprises qui ne disposent pas de biens immobiliers.

3 Liquidation judiciaire simplifiée

Elle ne concerne que les petites entreprises car elle ne s'applique qu'aux entreprises qui n'ont pas employé dans les six mois précédant l'ouverture de la liquidation judiciaire plus de cinq employés et dont le chiffre d'affaires hors taxe ne dépasse pas 750 000 euros. En outre, ces entreprises ne doivent pas avoir dans leur actif de biens immobiliers. Ces conditions remplies, la liquidation judiciaire simplifiée peut être ouverte, elle est facultative. La liquidation judiciaire simplifiée doit être rapide, par conséquent, elle doit être close au plus tard un an après son ouverture. Ce délai représente un véritable défi d'autant plus que la prorogation possible est limitée à trois mois au plus.

L'objectif, comme son nom l'indique, est la simplification de la procédure. Les règles applicables sont les mêmes que celles de la procédure normale sous réserve de trois caractéristiques.

La première caractéristique vise *la simplification de la vente des biens mobiliers*. L'article L. 644-2 favorise la vente de gré à gré pour les biens déterminés par le tribunal. Le liquidateur procède à cette vente dans les trois mois de la publication de ce jugement. Les autres biens sont vendus aux enchères publiques à la fin de cette même période de trois mois.

La deuxième caractéristique est *la simplification de la vérification des créances*. L'article L. 644-3 précise que seules les créances susceptibles de venir en rang utile dans les répartitions et les créances résultant d'un contrat de travail sont vérifiées.

La troisième caractéristique concerne *la répartition des fonds*, la simplification s'accompagne alors d'un formalisme strict. Le liquidateur établit un projet de répartition, il le dépose au greffe, il fait l'objet d'une publicité. Ainsi tout intéressé peut en prendre connaissance, tout intéressé peut contester cette répartition dans un délai d'un mois après la publication de l'avis. La compétence pour statuer sur ces contestations revient au juge-commissaire, sa décision est publiée, elle peut faire l'objet d'un recours devant le tribunal dans les dix jours de la notification de la décision du juge-commissaire. La répartition est assurée par le liquidateur.

Sanctions civiles

CHAPITRE 11

Conservant une distinction traditionnelle, le Code de commerce prévoit en fait deux types de sanctions civiles applicables au chef d'entreprise peu scrupuleux. En effet, aux sanctions purement patrimoniales, peuvent s'ajouter des mesures personnelles.

1 Sanctions patrimoniales

Le législateur a voulu ici sanctionner les fautes commises par les dirigeants de personnes morales débitrices par le biais de deux dispositions différentes : *l'action en responsabilité pour insuffisance d'actif* d'une part et *l'obligation aux dettes sociales* d'autre part. En d'autres termes, à l'instar des débiteurs personnes physiques, les dirigeants doivent supporter les conséquences de leurs fautes sur leurs propres biens sans pouvoir se réfugier derrière l'écran de la personne morale. Cette logique explique les similitudes existantes entre les deux actions.

En premier lieu, elles sont dotées d'un large domaine d'application. Ainsi, aux termes de l'article L. 651-1, elles concernent les « *dirigeants d'une personne morale de droit privé soumise à une procédure collective, ainsi qu'aux personnes physiques représentants permanents de ces dirigeants personnes morales* ». Sont donc visés indistinctement les dirigeants de droit (gérant, président du conseil d'administration...) ou de fait (c'est-à-dire toute personne s'étant immiscée dans la gestion de la personne morale) ; de la même manière, la nature de la personne morale de droit privé importe peu. Dans tous les cas, les deux actions ne sauraient être engagées pendant la période d'observation et pendant l'exécution du plan de sauvegarde ou de redressement.

En second lieu, elles obéissent à un régime procédural commun. Il s'agit tout d'abord d'actions attitrées. Elles peuvent être exercées par le mandataire judiciaire (ou par les contrôleurs en cas de carence de ce dernier), le liquidateur ou le Ministère public. La possibilité d'une saisine d'office par le tribunal a en effet été supprimée par la loi de sauvegarde pour se conformer aux exigences du procès équitable posées par l'article 6 § 1 de la Convention européenne de sauvegarde des droits de l'homme et du citoyen. Ensuite, la procédure est identique. Le tribunal compétent pour prononcer les sanctions patrimoniales est le tribunal d'ouverture de la procédure à l'encontre de la personne morale débitrice. Le président de la juridiction saisie peut, d'office ou à la demande du requérant, charger le juge-commissaire (ou à défaut un membre de la juridiction qu'il désigne) d'obtenir communication de tout document ou information sur la situation patrimoniale des dirigeants de la part des administrations et organismes publics, des organismes de prévoyance et de sécurité sociale et des établissements de crédit. Un rapport est alors établi par le juge-commissaire désigné qui est déposé au greffe et transmis au Ministère public. Le ou les dirigeants en cause sont ensuite convoqués. Les débats ont en principe lieu en audience publique. Le juge-commissaire ne peut ni siéger dans la formation de jugement, ni participer au délibéré. Enfin, le jugement rendu est susceptible de voies de recours (appel de la part du demandeur, du débiteur si le jugement et contradictoire, et du Ministère public même s'il n'a pas agi comme partie principale).

Mais exceptions faites de ces règles communes, chacune de ses actions répond à des exigences propres.

Responsabilité pour insuffisance d'actif

Remplaçant l'action en comblement de passif prévue dans la loi de 1985, l'action en responsabilité pour insuffisance d'actif est aujourd'hui réglementée par l'article L. 651-2 et suivants du Code de commerce. Conformément à ce texte, « *lorsque la résolution d'un plan de sauvegarde ou de redressement judiciaire ou de liquidation judiciaire d'une personne morale fait apparaître une insuffisance d'actif, le tribunal peut, en cas de faute de gestion ayant contribué à cette insuffisance d'actif, décider que les dettes de la personne morale seront supportées, en tout ou en partie, par tous les dirigeants de droit ou de fait ou par certains d'entre eux, ayant contribué à la faute de gestion. En cas de pluralité de dirigeants, le tribunal peut, par décision motivée, les déclarer solidairement responsables* ». La sanction patrimoniale est ainsi cantonnée par la loi à deux hypothèses : en cas de résolution du plan de sauvegarde ou de redressement et en cas de liquidation judiciaire.

Par conséquent, pour être à même de produire tous ses effets, l'action est subordonnée à certaines conditions particulières.

a) Conditions de l'action en responsabilité pour insuffisance d'actif

Les conditions de mise en œuvre de l'action en responsabilité pour insuffisance d'actif sont comparables à celles de toute action en responsabilité de droit commun. Une faute, un préjudice et un lien de causalité sont exigés.

1) Faute de gestion

La loi vise expressément une faute de gestion du dirigeant sans pour autant la définir. Aussi, la jurisprudence retient-elle une interprétation souple de cette notion, relevant du pouvoir souverain d'appréciation des juges du fond. Toute faute de gestion, constituée par un acte positif ou passif, sera retenue et ce quel que ce soit son degré de gravité. Ainsi, par exemple, il pourra s'agir d'une incompétence manifeste, d'une imprudence ou encore d'une violation des règles légales ou statutaires. Il a aussi été jugé que la faute est constituée lorsque le dirigeant n'a pas procédé à la déclaration de la cessation des paiements ou encore, se désintéressant de l'entreprise, a laissé sa gestion à un dirigeant de fait.

2) Préjudice

L'insuffisance d'actif constitue le préjudice subi par les créanciers du débiteur. En d'autres termes, il suppose que l'actif de la personne morale débitrice soit inférieur à son passif, rendant impossible le paiement des créanciers.

En tout état de cause, l'insuffisance d'actif doit exister au jour de la résolution du plan de sauvegarde ou de redressement judiciaire ou au jour de l'ouverture de la liquidation judiciaire. Aussi faut-il admettre que seules les dettes antérieures à la résolution du plan ou à la liquidation judiciaire pourront être prises en compte dans la détermination du passif.

3) Lien de causalité

L'exigence d'un lien de causalité entre la faute et le préjudice résulte expressément de la loi.

L'article L. 651-2 exige en effet que le dirigeant ait, par sa faute gestion, « *contribué à cette insuffisance d'actif...* ». Le lien de causalité est toutefois ici entendu souplement car il n'est pas nécessaire que la faute soit la cause exclusive de l'insuffisance d'actif. Il suffit simplement qu'elle soit l'une de ses causes.

Dans tous les cas, si les trois conditions sont remplies, l'action doit être exercée dans un délai de trois ans à compter de la résolution du plan de sauvegarde ou de redressement ou du jugement prononçant la liquidation judiciaire. Enfin, elle a en principe un caractère exclusif et ne saurait dès lors être cumulée avec une action en responsabilité de droit commun fondée sur les articles 1382 et 1383 du Code civil sauf si celle-ci vise à sanctionner des fautes postérieures au jugement d'ouverture ou à réparer un préjudice personnel au créancier demandeur.

b) Effets de l'action en responsabilité pour insuffisance d'actif

Le tribunal dispose de pouvoirs discrétionnaires importants quant au prononcé de la sanction. Non seulement il a la faculté de prononcer ou non la sanction, mais il peut aussi déterminer l'ampleur ou le montant de la condamnation. La juridiction a en effet le pouvoir de décider que les dettes de la personne morale débitrice seront supportées « *en tout ou en partie* » par les dirigeants. De la même manière, elle peut décider de condamner un ou plusieurs dirigeants et le cas échéant, par décision motivée, solidairement. Toute transaction sur la condamnation est d'ailleurs interdite par la Cour de cassation.

En tout état de cause, l'affectation des sommes recouvrées auprès des dirigeants est prévue par la loi. Elles entrent « *dans le patrimoine du débiteur. En cas de cession ou de liquidation, ces sommes sont réparties entre tous les créanciers au marc-le-franc* ».

À défaut d'exécuter leur condamnation, les dirigeants s'exposent alors à des sanctions. Une seule sanction civile, laissée à l'appréciation du tribunal, est désormais envisageable : la faillite personnelle ou l'interdiction de gérer ; la loi de sauvegarde ayant supprimé la possibilité d'ouvrir une procédure collective à titre personnel à l'encontre du dirigeant défaillant. En outre, la sanction pénale de banqueroute pourrait également frapper les dirigeants qui ont voulu échapper aux conséquences de l'action en responsabilité pour insuffisance d'actif.

Obligation aux dettes sociales

Remplaçant désormais l'action en ouverture du redressement ou de la liquidation à titre personnel à l'encontre d'un dirigeant fautif, l'obligation aux dettes sociales résulte de l'article L. 652-1. Le texte dispose ainsi qu'« *au cours d'une procédure de liquidation judiciaire, le tribunal peut décider de mettre à la charge de l'un des dirigeants de droit ou de fait d'une personne morale la totalité ou une partie des dettes de cette dernière lorsqu'il est établi à l'encontre de ce dirigeant que l'une des fautes* » énumérées « *a contribué à la cessation des paiements* ». Cette nouvelle sanction patrimoniale obéit à un régime spécifique tant au regard de ses conditions que de ses effets.

a) Conditions de l'action

Deux exigences de fond sont édictées par le Code de commerce ;

– d'une part, à la différence de la responsabilité pour insuffisance d'actif, l'action ne peut être exercée que lorsque la personne morale débitrice est soumise à une procédure de liquidation judiciaire. L'action se prescrit d'ailleurs par trois ans à compter du jugement de liquidation ;

– d'autre part, le dirigeant doit avoir commis une faute prévue par la loi ayant contribué à la cessation des paiements.

Cinq comportements répréhensibles sont donc énumérés par l'article L. 652-1 :

– avoir disposé des biens de la personne morale comme des siens propres ;

– avoir fait des actes de commerce dans son intérêt personnel sous couvert de la personne morale masquant ses agissements ;

– avoir fait des biens ou du crédit de la personne morale un usage contraire à l'intérêt de celle-ci à des fins personnelles ou pour favoriser une autre personne morale ou une entreprise dans laquelle il était intéressé directement ou indirectement ;

– avoir poursuivi abusivement dans son intérêt personnel une exploitation déficitaire qui ne pouvait conduire qu'à la cessation des paiements de la personne morale ;

– avoir détourné ou dissimulé tout ou partie de l'actif ou frauduleusement augmenté le passif de la personne morale.

In fine, le texte pose un principe de non-cumul de l'action en responsabilité pour insuffisance d'actif et l'obligation aux dettes sociales. En effet, si une des fautes énumérées est constatée dans le cadre de la liquidation judiciaire, l'action en responsabilité pour insuffisance d'actif est irrecevable ; seule l'obligation aux dettes sociales est envisageable.

b) Effets de l'action

À l'instar de la responsabilité pour insuffisance d'actif, le tribunal peut décider de condamner un ou plusieurs dirigeants à l'obligation aux dettes sociales. Toutefois, en cas de pluralité de dirigeants, il doit caractériser la faute de chacun pour déterminer la part mise à leur charge respective. La gravité de la faute est donc prise en considération. En outre, une condamnation solidaire peut être prononcée par décision motivée. Dans tous les cas, la juridiction a la faculté de mettre à la charge du dirigeant poursuivi tout ou partie des dettes de la personne morale. Les sommes ainsi recouvrées seront réparties entre les créanciers de la personne morale en fonction de leurs sûretés. En cas de non-paiement des dettes sociales, les dirigeants encourent les sanctions de la faillite personnelle ou de l'interdiction de gérer.

2 Sanctions personnelles

Le législateur a prévu deux sanctions personnelles pour moraliser et assainir le monde des affaires : la faillite personnelle et l'interdiction de gérer. À la dualité des sanctions répond toutefois un régime juridique commun.

Dualité des sanctions

Les conditions et les effets de chacune des sanctions personnelles diffèrent.

a) Faillite personnelle

La faillite personnelle est une disposition classique du droit des entreprises en difficulté qui a pour objectif affiché de sanctionner un débiteur malhonnête. Conçue comme une mesure d'intérêt public selon la Cour de cassation, cette sanction est très réglementée.

1) Cas de faillite personnelle

La loi prévoit ainsi plusieurs hypothèses de faillite personnelle :

– tout d'abord, ***deux cas visent les débiteurs personnes physiques*** (commerçant, agriculteur, personne immatriculée au répertoire des métiers ou encore toute personne physique exerçant une activité professionnelle indépendante y compris une profession libérale sauf lorsqu'elle est soumise à des règles disciplinaires) : il s'agit, d'une part, du fait pour le débiteur « *d'avoir poursuivi abusivement, dans son intérêt personnel, une exploitation déficitaire qui ne pouvait conduire qu'à la cessation des paiements* » et d'autre part, du fait d'avoir « *détourné ou dissimulé tout ou partie de son actif ou frauduleusement augmenté son passif* » (art. L. 653-3, C. com.). Une distinction est toutefois ici faite entre les professionnels libéraux. Ceux qui relèvent d'un ordre professionnel (médecins, avocats, notaires...) échappent à la faillite personnelle ;

– ensuite, ***d'autres cas sont propres aux dirigeants d'une personne morale débitrice***. La faillite personnelle peut en effet être prononcée à l'encontre des dirigeants de droit ou de fait s'ils ont commis une des fautes justifiant une condamnation à l'obligation aux dettes sociales. En outre, elle peut l'être également pour sanctionner un dirigeant qui n'a pas acquitté les dettes mises à sa charge au titre de l'action en responsabilité pour insuffisance d'actif ou de l'obligation aux dettes sociales ;

– enfin, ***les six derniers cas de faillite personnelle visent indistinctement les débiteurs personnes physiques et les dirigeants de personne morale débitrice***.

Sera ainsi puni le fait d' :

– avoir exercé une activité commerciale, artisanale ou agricole ou une fonction de direction, d'administration d'une personne morale contrairement à une interdiction prévue par la loi ;

– avoir, dans l'intention d'éviter ou de retarder l'ouverture de la procédure de redressement judiciaire ou de liquidation judiciaire, fait des achats en vue d'une revente au-dessous du cours ou employé des moyens ruineux pour se procurer des fonds ;

– avoir souscrit, pour le compte d'autrui, sans contrepartie, des engagements jugés trop importants au moment de leur conclusion, eu égard à la situation de l'entreprise ou de la personne morale ;

– avoir payé ou fait payer, après la cessation des paiements et en connaissance de cause de celle-ci, un créancier au préjudice des autres créanciers ;

– avoir, en s'abstenant volontairement de coopérer avec les organes de la procédure, fait obstacle à son bon déroulement ;

– avoir fait disparaître des documents comptables, n'avoir pas tenu de comptabilité lorsque les textes applicables en font l'obligation, ou avoir tenu une comptabilité fictive, manifestement incomplète ou irrégulière au regard des dispositions applicables.

2) Effets de la faillite personnelle

Quelle que soit l'hypothèse, une fois prononcée, la faillite personnelle « *emporte interdiction de diriger, de gérer, administrer ou contrôler, directement ou indirectement, toute entreprise commerciale ou artisanale, toute exploitation agricole ou toute entreprise ayant toute activité indépendante et toute personne morale* ». Cette sanction personnelle a donc un effet immédiat particulièrement énergique. « Le failli » ne peut plus diriger une entreprise, quelle que soit sa nature, ni directement ni indirectement. Le dirigeant social sera aussi privé du droit de vote dans la personne morale débitrice.

À cette interdiction de gérer s'attachaient traditionnellement et automatiquement des déchéances et interdictions comme l'interdiction d'exercer une fonction publique élective, l'interdiction d'exercer un office ministériel ou une fonction publique ou encore la radiation de toutes les listes électorales. La loi de sauvegarde les a supprimées. Désormais, le tribunal a seulement la faculté de prononcer à titre accessoire une incapacité d'exercer une fonction publique élective pour une durée de cinq ans.

La faillite personnelle peut également avoir des conséquences plus patrimoniales puisqu'elle va permettre aux créanciers, lors de la clôture de la procédure pour insuffisance d'actif, de retrouver leur droit de poursuite individuelle à l'encontre du débiteur (art. L. 643-11 C. com.).

b) Interdiction de gérer

1) Cas d'interdiction de gérer

Conformément à l'article L. 653-8 du Code de commerce, le tribunal peut prononcer aux lieux et place de la faillite personnelle une simple interdiction de gérer dans tous les cas de prononcé de celle-ci (art. L 653-3 à 653-6). En outre, cette sanction est également encourue à l'encontre du débiteur personne physique ou du dirigeant de la personne morale débitrice qui, de mauvaise foi, « *n'aura pas remis au mandataire judiciaire, à l'administrateur ou au liquidateur les renseignements qu'il est tenu de lui communiquer en application de l'article L. 622-6 dans le mois suivant le jugement d'ouverture* ». Une telle disposition sanctionne en fait l'obligation faite au débiteur de déclarer ses dettes. Elle est toutefois subordonnée à la mauvaise foi de celui-ci et pourrait être utilisée à la place d'un cas de faillite personnelle : à savoir le manquement du débiteur à l'obligation de collaborer avec les organes de la procédure.

Enfin, depuis la loi de sauvegarde, l'interdiction de gérer est la seule sanction de l'omission de déclaration de l'état de cessation des paiements dans le délai de 45 jours remplaçant ainsi la faillite personnelle.

2) Effets de l'interdiction de gérer

Constituant un diminutif de la faillite personnelle, l'interdiction de gérer emporte donc « *interdiction de diriger, gérer, administrer ou contrôler directement ou indirectement, soit toute entreprise commerciale ou artisanale, toute exploitation agricole et toute personne morale* ». Elle présente toutefois trois particularités :

– cette sanction ne vise pas les entreprises ayant une activité indépendante ;

– elle est modulable. Le tribunal peut en effet la limiter à certaines catégories d'entreprises ou de sociétés ;

– elle ne peut être assortie d'une incapacité élective.

■ *Unicité de régime*

Au-delà de leur spécificité, la faillite personnelle et l'interdiction de gérer obéissent à des règles communes relatives à leur prononcé et à leur durée.

a) Prononcé des sanctions personnelles

Au préalable, un principe a été posé par le législateur. La faillite personnelle et l'interdiction de gérer ne sauraient être prononcées pendant une procédure de sauvegarde. Une immunité est ainsi accordée au débiteur qui est venu se placer, par anticipation, sous la protection de la justice. Leur prononcé ne peut donc intervenir que lorsqu'une procédure de redressement ou de liquidation judiciaires est ouverte à l'encontre de tous les débiteurs personnes physiques (sous réserve des professionnels libéraux soumis à un statut ou un ordre professionnel) et les dirigeants de droit ou de fait de la personne morale débitrice. Il peut être demandé par le Ministère public, le mandataire judiciaire ou le liquidateur ainsi que par la majorité des créanciers contrôleurs en cas de carence caractérisée des organes de la procédure. Toute saisine d'office du tribunal a ici aussi été supprimée pour satisfaire aux exigences du procès équitable. L'action est enfermée, depuis la loi de sauvegarde, dans un délai de prescription de trois ans à compter du jugement d'ouverture du redressement ou de la liquidation judiciaires.

Après avoir été convoqué devant le tribunal de la procédure, le débiteur ou le dirigeant est entendu en chambre du conseil. Le juge-commissaire présente alors un rapport au tribunal qui statue en audience publique. Toutefois, la loi interdit au magistrat de siéger dans la formation de jugement et de participer au délibéré. En tout état de cause, le prononcé des sanctions personnelles est toujours facultatif. Le jugement de condamnation peut faire l'objet de voies de recours ordinaires et est mentionné au registre du commerce des sociétés ou au répertoire des métiers.

b) Durée des sanctions

Contrairement au droit antérieur, la sanction personnelle n'est plus perpétuelle. Sa durée est désormais limitée dans le temps. Elle ne peut excéder quinze ans. En revanche, aucun délai minimum n'est fixé par la loi, laissant ainsi au juge tout pouvoir d'appréciation.

La sanction cesse de plein droit à la survenance du terme. Toutefois, la loi prévoit trois possibilités de relèvement :

– tout d'abord, le rétablissement du débiteur ou du dirigeant intervient automatiquement si la procédure de redressement ou de liquidation judiciaires est clôturée pour extinction du passif. Le jugement de clôture le relève de toutes les déchéances, interdictions et incapacités d'exercer une fonction publique élective ;

– ensuite, le tribunal peut relever l'intéressé en tout ou en partie de la mesure prononcée s'il a apporté une contribution suffisante au paiement du passif (art. L. 653-11, al. 3, C. com.) ;

– enfin, une dernière hypothèse résulte de la loi de sauvegarde. Le condamné peut être relevé de l'interdiction de gérer, et non de la faillite personnelle, s'il parvient à prouver ses capacités à diriger une entreprise, notamment après le suivi d'une formation professionnelle (art. L. 653-11, al. 4).

Dans tous les cas, lorsqu'il y a relèvement total des déchéances, interdictions et de l'incapacité, la décision du tribunal emporte réhabilitation.

Sanctions pénales

CHAPITRE 12

Le droit des entreprises en difficulté a toujours contenu un arsenal pénal et répressif. La loi de sauvegarde n'a pas failli à la tradition. Elle opère ainsi une distinction entre le délit de banqueroute et les « autres infractions » destinées à sanctionner le non-respect des règles de gestion des actifs ou de protection des créanciers.

1 Banqueroute

Passibles de peines correctionnelles, la banqueroute suppose certains éléments constitutifs.

Éléments constitutifs

La constitution de l'infraction suppose le respect de ***deux conditions préalables*** :

– d'une part, ne peuvent être poursuivies du chef de banqueroute que les personnes visées par l'article L. 654-1, à savoir : « *tout commerçant, agriculteur ou personne immatriculée au répertoire des métiers, toute personne physique exerçant une activité professionnelle indépendante, y compris une profession libérale soumise à un statut législatif ou réglementaire ou dont le titre est protégé, toute personne qui, a directement ou indirectement, en droit ou en fait, dirigé ou liquidé une personne morale de droit privé, toutes personnes physiques représentants permanents de personnes morales dirigeantes* ». À cette liste doivent être ajoutées les personnes morales dont la responsabilité pénale est également encourue (art. L. 654-7-I, C. com.);

– d'autre part, les poursuites ne peuvent être exercées que lorsqu'une procédure de redressement ou de liquidation judiciaires a été ouverte et pour des faits postérieurs à la cessation des paiements. Une fois encore, l'ouverture d'une procédure de sauvegarde confère au débiteur une immunité.

Au-delà de ces exigences préalables, la loi incrimine cinq cas de banqueroute, c'est-à-dire le fait d' :

– avoir, dans l'intention d'éviter ou de retarder l'ouverture de la procédure de redressement judiciaire, soit fait des achats en vue d'une revente au-dessous du cours, soit employé des moyens ruineux pour se procurer des fonds;

– avoir détourné ou dissimulé tout ou partie de l'actif du débiteur ;

– avoir frauduleusement augmenté le passif du débiteur ;

– avoir tenu une comptabilité fictive ou fait disparaître des documents comptables de l'entreprise ou de la personne morale ou s'être abstenu de tenir toute comptabilité, lorsque les textes applicables en font l'obligation ;

– avoir tenu une comptabilité manifestement incomplète ou irrégulière au regard des dispositions légales.

Certains de ces cas constituent d'ailleurs également des cas de faillite personnelle ou d'obligation aux dettes sociales.

Peines encourues

Aux termes de l'article L. 654-3 du Code de commerce, la banqueroute est punie de cinq ans d'emprisonnement et d'une amende de 75 000 euros. Les complices (banquiers, experts-comptables ou commissaires aux comptes notamment) encourent les mêmes peines. Toutefois, les peines sont aggravées lorsque l'auteur ou le complice de la banqueroute est un dirigeant d'une entreprise prestataire de services d'investissement, elles sont portées à sept ans d'emprisonnement et 100 000 euros d'amende.

De même, si l'auteur est une personne morale, la peine est par principe une amende de 375 000 euros (525 000 euros pour les sociétés de bourse).

À titre de *peine complémentaire*, le tribunal correctionnel peut prononcer différentes mesures comme l'interdiction des droits civiques, civils et de famille, l'interdiction, pour une durée de cinq ans, d'une fonction publique ou d'exercer l'activité professionnelle ou sociale dans l'exercice ou à l'occasion de laquelle l'infraction a été commise, l'exclusion des marchés publics (pour une durée de cinq ans au plus) ou l'interdiction d'émettre des chèques. En outre, la faillite personnelle et l'interdiction de gérer peuvent également être prononcées, sauf si une juridiction civile ou commerciale a déjà prononcé la même sanction par une décision devenue définitive.

2 Autres infractions

Deux catégories d'infractions sont prévues par la loi. Certaines sont commises par le débiteur ou les dirigeants de la personne morale débitrice alors que d'autres sont commises par des tiers.

Infractions commises par le débiteur ou les dirigeants

Trois types de comportements sont répréhensibles :

– en premier lieu, l'article L. 654 du Code de commerce sanctionne le ***non-respect des règles de gestion***. Ainsi est puni de deux ans d'emprisonnement et d'une amende de 30 000 euros le débiteur personne physique, le dirigeant de droit ou de fait de la personne morale ou le représentant permanent de la personne morale pour le fait :

- de consentir pendant la période d'observation une hypothèque ou un nantissement ou de faire un acte de disposition sans l'autorisation du juge-commissaire ou de payer, en tout ou partie une dette en violation de l'interdiction mentionnée à l'article L. 622-7, al. 1,
- d'effectuer un paiement en violation des modalités de règlement du passif prévues au plan de sauvegarde ou au plan de redressement ou de faire procéder à un acte de disposition sans l'autorisation du tribunal ou de procéder à la cession d'un bien rendu inaliénable dans le cadre d'un plan de cession ;

– en deuxième lieu, l'article L. 654-14 punit des peines de la banqueroute ***l'appauvrissement volontaire de l'entreprise par les dirigeants*** de droit ou de fait de la personne morale débitrice ou par ses représentants permanents. Est ici sanctionné plus précisément le fait pour les intéressés d'avoir de mauvaise foi détourné ou dissimulé, tenté de détourner ou de dissimuler, tout ou partie de leurs biens, ou de s'être frauduleusement reconnus débiteur de sommes qu'ils ne devaient pas.

L'intention des dirigeants doit être ici de soustraire tout ou partie de leur patrimoine aux poursuites de la personne morale qui a fait l'objet d'un jugement d'ouverture de sauvegarde, de redressement judiciaire ou de liquidation judiciaire ou à celles de ses associés ou de ses créanciers ;

– enfin, est punissable de deux ans d'emprisonnement et d'une amende de 375 000 euros le fait pour toute personne ***d'exercer une activité professionnelle ou des fonctions au mépris d'une mesure de faillite personnelle ou d'une interdiction de gérer***.

Dans tous les cas, les règles procédurales sont identiques. La juridiction répressive est saisie, soit sur la poursuite du Ministère public, soit par constitution de partie civile de l'administrateur, du mandataire judiciaire, du représentant des créanciers, du commissaire à l'exécution du plan, du liquidateur ou de la majorité des contrôleurs en cas de carence des mandataires de justice. Un créancier ne peut donc agir seul, sauf à démontrer l'existence d'un préjudice distinct causé par l'infraction. Toutes les infractions visées constituent des délits qui se prescrivent par trois ans. Le délai de prescription de l'action publique ne court qu'à compter de la date du jugement ouvrant la procédure de sauvegarde, de redressement judiciaire ou de liquidation judiciaire lorsque les faits incriminés sont apparus avant cette date (art. L. 654-16, C. com.). En revanche, si les faits sont postérieurs à cette date, la prescription court à compter de la date de commission de l'acte (art. 8, C. pr. pén.). Toutes ces règles ont d'ailleurs vocation à s'appliquer également aux infractions commises par les tiers.

■ *Infractions commises par les tiers*

Sont visés en qualité de tiers à la fois les mandataires de justice, les créanciers ou les cocontractants de l'entreprise et enfin les proches du débiteur.

a) Infractions commises par les mandataires de justice

L'article L. 654-12-I punit des peines de l'abus de confiance aggravé (7 ans d'emprisonnement et 750 000 euros d'amende) le fait pour tout administrateur, liquidateur ou commissaire à l'exécution du plan :

– *« de porter volontairement atteinte aux intérêts des créanciers ou du débiteur en utilisant à son profit des sommes perçues dans l'accomplissement de sa mission ou en se faisant attribuer des avantages qu'il savait ne pas être dus »;*

– *« de faire, dans son intérêt personnel, des pouvoirs dont il disposait un usage qu'il savait contraire aux intérêts des créanciers ».*

Les mêmes peines sont encourues pour tout mandataire de justice et par toute personne ayant participé à un titre quelconque à la procédure (collaborateurs des mandataires de justice, avocats, juge-commissaire, contrôleurs par exemple à l'exclusion du représentant des salariés lorsqu'ils se sont rendus acquéreurs, pour leur compte, directement ou indirectement, de biens du débiteur ou les ont utilisés à leur profit (art. L. 654-12-II, C. com.). En cas d'acquisition des biens du débiteur, la nullité de l'acte vient s'ajouter à la sanction pénale.

b) Infractions commises par les créanciers ou cocontractants du débiteur

L'article L. 654-8-3° sanctionne d'une peine d'emprisonnement de deux ans et de 30 000 euros d'amende le fait pour toute personne, pendant la période d'observation ou celle de l'exécution du plan de sauvegarde ou du plan de redressement, en connaissance de la situation du débiteur, de passer avec celui-ci un des actes mentionnés au 1° et 2° ou d'en recevoir un paiement irrégulier. Ainsi, sont visés :

– la constitution d'une hypothèque ou d'un nantissement sur un bien du débiteur ou la participation à un acte de disposition sur un tel bien sans l'autorisation du juge-commissaire ;

– le paiement effectué en cours d'exécution d'un plan de sauvegarde ou de redressement en violation des modalités de règlement du passif prévues dans le plan ;

– la conclusion d'un contrat emportant cession d'un bien du débiteur rendu inaliénable dans le plan de sauvegarde, de redressement ou de cession ;

– et enfin expressément le paiement irrégulier, c'est-à-dire le paiement d'une créance antérieure au jugement d'ouverture ou postérieure non éligible au traitement préférentiel autres qu'alimentaires ou nécessaires aux besoins de la vie courante.

De même, la loi punit également des peines de l'abus de confiance (trois ans d'emprisonnement et 375 000 euros) le fait pour un créancier de passer, après le jugement d'ouverture de sauvegarde, de redressement ou de liquidation judiciaires, une convention présentant un avantage particulier à la charge du débiteur. Outre la sanction pénale, le tribunal prononce la nullité d'une telle convention.

c) Infractions commises par les proches du débiteur

L'article L. 654-10 du Code de commerce punit des peines applicables à l'abus de biens sociaux le conjoint, les descendants ou ascendants ainsi que les collatéraux ou alliés du débiteur ou du dirigeant en cas de détournement, de divertissement ou de recel des actifs dépendant de la procédure de sauvegarde ou de redressement judiciaire.

De la même façon, peuvent être également commises par des proches deux autres infractions visées respectivement par l'article L. 654-9-1° et 2°. En effet, aux termes de ces dispositions ***sont punissables des peines de la banqueroute les personnes qui*** :

– dans l'intérêt du débiteur, ont soustrait, recelé ou dissimulé tout ou partie des biens, meubles ou immeubles de celui-ci ;

– dans la procédure de sauvegarde, de redressement ou de liquidation judiciaires, ont déclaré frauduleusement, soit en leur nom, soit par interposition de personnes, des créances supposées.

En tout état de cause, le tribunal statue d'office sur la réintégration dans le patrimoine du débiteur de tous les biens, droits ou actions, qui ont été frauduleusement soustraits.

BIBLIOGRAPHIE

1) Ouvrages

- Coquelet (M.-L.), *Entreprises en difficulté, Instruments de paiement et de crédit*, HyperCours, Dalloz, 2e éd., 2006.
- Jacquemont (A.), *Droit des entreprises en difficulté*, Litec, 5e éd., 2007.
- Le corre (P.-M.), *Droit et pratique des procédures collectives*, Dalloz-Action 2008-2009.
- Perochon (F.), Bonhomme (R.), *Entreprises en difficulté, instruments de crédit et paiement,* LGDJ, 7e éd., 2006.
- Petel (Ph.), *Cours droit privé, Procédures collectives,* Dalloz, 5e éd., 2006.
- Roussel-Galle (Ph.), *Réforme du droit des entreprises en difficulté, de la théorie à la pratique*, préface de D. Tricot, Litec professionnels, 2e éd., octobre 2007.
- Saint-Alary-Houin (C.), *Droit des entreprises en difficulté,* Domat droit privé, Montchrestien, 5e éd., 2006.

2) Revues

- Gazette des procédures collectives
- Revue des procédures collectives

3) Codes

– Codes de commerce Dalloz et Litec 2008.
– Code des procédures collectives, Dalloz 2008 commenté par A. Lienhard.
– Code des procédures collectives, Litec 2007 commenté par C. Saint Alary-Houin.

4) Site internet

– www.legifrance.gouv.fr

Photocomposition *CMB* Graphic
44800 Saint-Herblain

Achevé d'imprimer par

CPI
Imprimerie France Quercy
46090 Mercuès

N° d'éditeur : 2842
N° d'impression : 81076
Dépôt légal : mai 2008

Imprimé en France